金洪臣 著

"过"的语法化及相关句式研究

A STUDY OF
THE GRAMMATICALIZATION OF
MODERN CHINESE *GUO*
AND RELATED SENTENCE STRUCTURES

社会科学文献出版社
SOCIAL SCIENCES ACADEMIC PRESS (CHINA)

目录
contents

第一章　绪论 …………………………………………………………… 1
　　第一节　动态助词"过"的研究现状 ………………………………… 1
　　第二节　语法化理论的研究概况 …………………………………… 6
　　第三节　"过"的语法化的界定 …………………………………… 10
　　第四节　研究方法及语料来源 ……………………………………… 11

第二章　"过₁"的语法化历程研究 …………………………………… 13
　　第一节　"过₁"语法化的前阶段 …………………………………… 16
　　第二节　完成体"过₁"的形成发展阶段 …………………………… 27
　　第三节　完成体"过₁"的成熟阶段 ………………………………… 40
　　第四节　完成体"过₁"的衰落阶段 ………………………………… 51
　　第五节　某些语料考察的说明 ……………………………………… 52

第三章　"过₁"的语法化动因及机制 ………………………………… 56
　　第一节　"过₁"的语法化动因 ……………………………………… 57
　　第二节　"过₁"的语法化机制 ……………………………………… 61
　　小　结 ………………………………………………………………… 67

第四章　汉语完成体貌系统与完成体"过₁" ………………………… 69
　　第一节　完成体貌系统历时演变研究简述 ………………………… 71
　　第二节　完成体貌标记与动词组合考察 …………………………… 73
　　第三节　完成体貌标记的共存与更替 ……………………………… 78
　　第四节　完成体貌系统对"过₁"的影响 …………………………… 81

第五章 "过$_2$"的语法化历程研究 ·················· 84
第一节 "过$_1$"与"过$_2$"的差异 ·················· 84
第二节 "过$_2$"的语法化历程 ····················· 93
第三节 "过$_2$"的语法化路径 ···················· 110

第六章 "过$_2$"的语法化动因及机制 ················ 113
第一节 "过$_2$"的语法化动因 ···················· 113
第二节 "过$_2$"的语法化机制 ···················· 114
小 结 ···························· 117

第七章 "过"相关句式研究 ······················ 119
第一节 动趋式"V+过$_趋$"的类型分析 ··············· 119
第二节 动结式"V+过$_结$"的类型分析 ··············· 123
第三节 "不过+X"的类型分析 ···················· 126
第四节 "X 不过"的类型分析 ···················· 132

部分语料 ······················ 141

参考文献 ······················ 143

后 记 ······················ 152

第一章 绪论

在现代汉语中，助词是汉语虚词中一个重要的词类，相对于实词或其他虚词，它的使用频率很高，常附着于实词、短语或句子之上，有辅助之用，常用来表示语言的结构关系、动作或性状情貌状态的程度或某种语气等，是汉语表情达意的重要手段。

动态助词是助词系统中一个重要的组成部分。汉语与印欧语不同，没有表示动作时态的形态变化，在表示动作进行到某一阶段时，汉语主要是用动态助词"着""了""过"来表示。而与"了""着"两个动态助词的研究情况相比，目前"过"的研究很少。笔者打算在前人研究的基础上，对"过"进行历时性的考察，包括与"过"组合的动词类型，"V+过"的结构类型，"过"的语法化程度、语法化时间，研究"过"的语法化过程，探索"过"的语法化的动因与机制。对"过"及其相关句式进行历时性的考察，总结其演变特点，可以揭示汉语动态助词"过"的发展轨迹和相关句式的演变历程，在某种意义上来说可以揭示汉语的词语和构式的演化（词语虚化和构式化）规律，有利于更清晰地认识汉语自身的结构特点，对分析汉语语法的现状有很大的帮助。

第一节 动态助词"过"的研究现状

吕叔湘（1999）把动态助词"过"分为两种：一是"表示动作完毕"，如"吃过饭再去"；二是"表示过去曾经有这样的事情"，如"这本小说我看过""我们走过不少地方，就是没有到过桂林"。遵循通常的提法，把用在动词或动词性短语后表示"动作完毕"的"过"记作"过$_1$"，把用在动词或动词性短语或形容词后表示"曾经经历"的"过"记作"过$_2$"。

卢烈红（1998）认为"过"无论是表示情况确已成为过去，还是悬想成过去，抑或假设成为过去，它的核心意义都是表示"过去"情貌，不宜区分为二。

杨永龙（2001b）则将"过"区分为"过$_1$""过$_2$""过$_0$"三类。"过$_0$"既不是典型的趋向补语，也不是典型的体助词，既有一定的趋向意义，又含有一定的体意义，其内部还可以分出相当于"过去"的"过$_{01}$"和"强调动作对象周遍性"的"过$_{02}$"。

不过，目前大多数学者的意见是将动态助词"过"分为"过$_1$"和"过$_2$"两种。

一 "过"的共时研究

从共时的角度来说，目前学术界研究中涉及动态助词"过"的文章很多，由于研究视角不同、语法体系不同，对"过"的研究结论也不同。

黎锦熙（2007）把"过"归并为"时间副词"，和"从前""本来"等一样表示"过去时"。其指出"过，完，动词转成，只可用在述语后"。并举《石头记》一例：我"也曾"使"过"眼色，"也曾"递"过"暗号。

王力（1985a）在其著作中"借使成式表示过去时"这一部分提到，普通用以表示过去时的末品补语有动词"过"字。"过"字表示过去者，共有两种用途：一是纯然表示过去，"了"字表示完成，故"过了"可以并用，若在否定语里，就只能用"过"，不能用"了"，如"殷殷勤勤叙过了寒温"（也可说成"叙过寒温"或"叙了寒温"）；二是表示一种阅历或经验，这种形式里是不能用"了"字的，如"难道咱们连两本戏也没见过不成？"其认为这种结构是从使成式演化而来的，虽然在形式上是使成式，但在意义上已经不是使成式了。

吕叔湘、孙德宣（1956）认为"过"是词尾，其作用在于表示变化的过程，即所谓"时态"，语法意义重于词汇意义，而且附着性很强，与其说是副词，毋宁说是词尾。

太田辰夫（2003）认为"过"是具有"从二物间通过"的意义的后助动词，这种表示从空间经过的"过"后来用于时间场合，成为表完成的"了"。它和"了"意义稍有差异，做完某种动作的感觉较强。并且其认为这种用法是宋代产生的。当它用于过去，也被认为表阅历经验。

赵元任（1979）认为"过"是表"不定过去态"的动词后缀。在

"吃过了饭了"一句中,"过"是补语,可以带完成态后缀"了"。其认为轻声的"过"是纯粹后缀,意思是"过去至少有过一次"。

朱德熙(1982)也把"表示曾经发生某事或曾经经历某事"的"过"归为"动词后缀"。

戴耀晶(1997)认为"过"是经历体的体标记。他运用语义特征分析法具体分析了体标记"过"的动态性、完整性和历时性。历时性是经历体的本质属性。"过"的动态性表现为历时变化性,"过"的完整性表现为历时整体性,"过"的历时性表现为与参照时间相脱离的历史曾然性。"过"反映的事件具有终结性。

屈承熹(2005)认为"过"有两个常用的名称,一是"经验貌标记",二是"不定过去标记"(赵元任)。其认为"经验貌标记"更能表达这个虚词的特色,更浅显易懂。"过"的语法功能,是将一件过去发生的事件当作一个经验来处理。

综合大多数学者的意见,动态助词"过"根据其语法意义可以分为"过$_1$"(表完成)和"过$_2$"(表经历),我们将表示完成语法意义的"过$_1$"称为"完成体",表示经历语法意义的"过$_2$"称为"经历体"。

二 "过"的历时研究

在"过"字语法化的萌芽、发展和成熟时期,各学者之间还存在一些分歧。

(一)"过$_1$"的研究概述

太田辰夫(2003)认为表示从空间经过的"过"后来也用于时间场合,成为表完成的"了"。但是它和"了"意义稍有差异,做完某种动作的感觉较强。这种用法是宋代才产生的。

王力(1980)认为"过"表示动向,表示从甲处所到乙处所的过程。等到它虚化后,则表示行为成为过去,它所表示的过去的意念比完成貌所表示的更为强烈,而且它往往表示一种经历。王力认为"过"开始虚化的时间是在唐朝。到宋代,就逐渐多起来了。

木霁弘(1989)则提出"过"字虚化萌芽于魏晋南北朝,因为在一些文献中出现了"动词+过+名词(处所)"的用例,"过"是一个趋向动词,这是"过"虚化成动态助词最关键的一环,并认为"过"字虚化的成熟期是在南宋。

刘坚等(1992)、曹广顺(1995)较为系统地论述了动态助词"过"的产生和发展过程。他们认为动态助词"过"的产生可能在唐代,基本格式是"动词+过""动词+过+宾语"两种,但后一种格式较为少见,他们认为这可能与"过"的词义有关,"过"是表达空间上趋向运动的动词,它的宾语只能是处所宾语。但当它转变为助词时,词义由空间转向时间,处所宾语无法与之搭配,所以造成早期多用"动词+过",少用"动词+过+宾语"的现象。并认为这种现象是助词"过"发展尚不成熟的一种表现。

志村良治(1995)认为,直到唐代,"过"仍未超出"穿过""通过"的原义,表示时间过去的用法还没有出现。

李讷、石毓智(1997)提出,当"过"在唐代发展出指动补语的用法时,由于受动、宾、补三者之间语义和语序的限制,宾语不能出现在其后。从唐至元的数百年间,在"动词+过"的句法环境中,"过"逐渐失去自己独立的词语身份,与动词形成一个句法单位,到元代虚化成体标记。

(二)"过$_2$"的研究概述

曹广顺(1995)认为唐代已经出现了个别的"过$_2$"用法,俞光中、植田均(1999)认为宋代才有"过$_2$",而木霁弘(1989)则认为"过"到宋代虚化用法已基本成熟。不过意见相对统一的是,"过$_2$"在宋代使用不多,元明日趋多见,直至清代普遍应用。

通常认为,曹广顺(1995)"当表'完结'的'过'用在表述过去发生的事件的句子中时,它就有了'曾经'的意思,而随着这种句子的增多,表示'曾经'逐渐在'过'的功能中固定下来,形成了一类,这种'过'就变成了'过$_2$'"一语,指出唐代"过$_2$"较少的原因,一方面是助词"过"刚刚产生,还处在萌芽状态;另一方面或许是更重要的原因,唐代汉语中还有一个表示事态"曾经"的助词"来"。

俞光中、植田均(1999)指出,"过$_2$"的出现要晚于"过$_1$",可靠的说法是宋代才有"过$_2$"。"过$_1$"与"来"结合成"过来","过来"其实是"来"起主导作用。有些"过来"表示过去某事完毕，不能表示将来某事完毕，与"过₁"已有所不同；有些"过来"表示过去至少发生过一次，本是"来"常见的用法，"过来"中的"过"还不能说就是"过₂"。此时把"过来"看作松散的词比较恰当，但如果进一步发展，"来"省略脱落，"来"的作用完全落在"过"上，就必然成为"过₂"。

三 对专著中"过"的研究

吴福祥（1996）指出晚唐敦煌变文中动态助词"过"共有3例：

远公对曰："贱奴念得一部十二卷，昨夜总念过。"
哀哀慈母号青提，亡过魂灵落于此。
贫道阿娘亡过后，魂神一往落阿鼻。近得如来相救出，身如枯骨气如丝。

3例均为表示动作完成的"过₁"，格式为"动词+过"。

卢烈红（1998）认为《古尊宿语要》中"过"做动态助词为8例，有"动词+过"（7次）和"动词+过+宾语"（1次）两种格式，认为"过"字虚化为动态助词的起始时间应在唐代。

杨永龙（2001b）对"过₁""过₂"的来源和虚化过程进行了探索。他认为"过₂"是将事件作为一个整体加以观察，表示事件在参照时间之前结束并与参照时间脱离了联系。"过₂"通常用于前景事件句，其参照时间大多是说话时间，所述事件通常是已然的。此外，他还认为"过₂"未必源于"过₁"或由"V+过来"中的"来"脱落演变而来，它有可能是从"过₀₂"演化而来的。而"过₀₂"表示"把V所涉及的对象（受事）从头到尾V一遍"，常常与"一一、事事、都、从头、逐N"等同现，多强调对象的周遍性，其语义指向也是既指受事，也兼指动作。而"过₂"是从趋向动词经由表周遍义的中间阶段演化而来的。

冯春田（2003）认为《聊斋俚曲》中动态助词"过"有23例，其中"过₁"有14例，"过₂"有9例。

第二节 语法化理论的研究概况

沈家煊（1994）提到"语法化"这个概念最早是中国人在13世纪提出来的，元朝的周伯琦在《六书正伪》中说："大抵古人制字，皆从事物上起。今之虚字，皆古之实字。"张磊（2006）指出西方的语法化研究开始于18世纪，当时的欧洲语言学家图克（H. Tooke）认为语言的原生状态是"具体的"，后来才呈现"抽象的"的趋势，语言经历了从具体到抽象的发展和演变。这一发现使图克被后人称为"语法化研究之父"。自语法化理论引入汉语研究以来，人们对许多语法现象的解释变得更有说服力。语法化是指一个词汇性语素的使用范围逐步增加较虚的成分或变成语法性语素的演化过程，或是从一个不太虚的语法性语素变成一个更虚的语法性语素。20世纪90年代中期之后，国外语法化理论的引入给我国的语法化研究带来了巨大的变化，语言学家结合汉语的特点提出了语法化过程是语序嬗变、句法变化、语境影响、词义变化的观点，以及语法化过程更新、强化与叠加的机制，这一观点的提出使我国的语法化研究上升到了理论构建的高度。

一　语法化的界定

（一）从语法成分的角度界定语法化

沈家煊（1994）认为语法化通常指语言中意义实在的词转化为无实在意义、表语法功能的成分这样一种过程或现象，中国传统的语言学称之为"实词虚化"。虚化有程度的差别，实词变为虚词是虚化，虚词变为更虚的成分也是虚化。沈家煊先生还指出"虚化"主要是针对词义的变化由实而虚，而"语法化"一词偏重于语法范畴和语法成分的产生，例如主语和宾语这样的语法范畴以及主格和宾格标记这样的语法成分是如何产生的。其认为"语法化"范围似乎比"虚化"更广。

刘坚、曹广顺、吴福祥（1995）认为通常是某个实词或因句法位置、组合功能的变化而造成词义演变，或因词义的变化而引起句法位置、组合功能的改变，最终失去了原来的词汇意义，在语句中只具有某种语法意义，便成了虚词。可以称这个过程为"语法化"。

吴福祥（2004）认为"语法化"指的是语法范畴和语法成分产生和形成的过程或现象，典型的语法化现象是语言中意义实在的词语或结构式变成无实在意义、仅表语法功能的语法成分，或者一个不太虚的语法成分变成更虚的语法成分。

(二) 从多层面说明语法化

石毓智（2003）认为语法化研究包括两方面。一是历时性的，考察语法形式的来源，特别是它们的具体发展过程，从这一角度看，语法化关心的是一个普通词汇如何演变成一个语法标记以及一个语法标记的进一步发展；二是共时性的，通常是把语法化看作一种句法、篇章和语用现象，即语言使用过程中自然形成的各种格式。

王寅、严辰松（2005）认为语法化中的"语法"是指宏观意义上的语言构词、造句、谋篇等规则。当代语法化研究可分为狭义（词汇层面，研究的对象是语言中实词演变成语法标记、语法范畴、语法构造或惯用表达的过程或现象）、广义（语篇和语用层面）、最广义［包括典型的概念结构、事件结构等如何演变为语法手段或构块（Construction）］三大层次。此外，西方语言学的语法化涵盖了中国传统语言学所称"实词虚化"的现象。

二 语法化国内外研究现状

(一) 国外研究现状

张秀松（2018）认为法国语言学家梅耶（A. Meillet）在《语法形式的演化》（1912）一文中首次明确使用"语法化"这一术语，并为语法化研究的合理性做出论证，认为语法化研究应该成为语言研究的主要活动之一。这标志着现代语法化研究视角的出现。海因等称梅耶为"现代语法化研究的奠基人"。其后，1979 年，Talmy Givón 提出"今天的句法是昨天的章法"这一论断，并在 On Understanding Grammar 一书中首次提出语法化的单向性规律，即其认为语法化遵循这样一种模式：话语＞句法＞词法/形态＞音位语素＞零形式。后来影响较大的语法化专著有：C. Lehmann 的 Thoughts on Grammaticalization：A Programmatic Sketch（1995、1982），该书总结了之前的语法化演化研究，并设置"参数"，从共时与历时视角来分析语法化；Heine、Clandi 和 Hünnemeyer 的 *Grammaticalization*：*A Conceptual Framework*（1991），该书论述了诱发语法化的语用和认知因素。语法化理论最全面、最系统的专著要推 Hopper 和 Traugott 的 *Grammaticalization*（1993），此书于 2003 年出版了第二版，这本专著对国外语法化研究概况进行了全面的总结与探讨，对语法化研究的推广和深入发展影响深远。

（二）国内研究现状

刘红妮（2009）将国内对语法化的研究分为三个阶段：

　　第一阶段：19 世纪末 [《马氏文通》（1898）] 以前，语法化的萌芽阶段。
　　第二阶段：1898 年至 1993 年，实词虚化阶段。
　　第三阶段：1994 年至今，真正意义上的语法化研究阶段。

众所周知，国内真正的语法化研究应以 20 世纪 90 年代，确切地说以 1994 年为分界点。20 世纪 90 年代以前，有不少学者开展了关于汉语历时演变的研究，但大多叫"实词虚化"，不叫"语法化"，如解惠全（1987）。1994 年左右，沈家煊（1994）、孙朝奋（1994）和刘坚、曹广顺、吴福祥（1995）等率先向国人介绍并进行汉语语法化研究，从此，真正严格意义上的语法化研究开始了。

目前，国内语法化的专著很多，此处，按刘红妮（2009）的分类进行补充，具体有四类。

第一类，专门的语法化论著。如石毓智、李讷（2001），石毓智（2003，2006，2011），吴福祥（2004，2017），董秀芳（2017），李宗江（2017），史金生（2017），陈前瑞（2017），江蓝生（2017），张谊生（2017），杨永龙（2017），陈昌来（2017），彭睿（2020）。

第二类，语法化论文集。一是总结性的论文集，如《汉语语法化研究》（吴福祥，2005）；二是每两年一届的历届汉语语法化问题国际学术研讨会论文集，如《语法化与语法研究》[吴福祥、洪波（2003）；沈家煊、吴福祥、马贝加（2005）；沈家煊、吴福祥、李宗江（2007）；吴福祥、崔希亮（2009）；吴福祥、张谊生（2011）；吴福祥、邢向东（2013）；吴福祥、汪国胜（2015）；吴福祥、陈前瑞（2017）；吴福祥、吴早生（2019）]。

第三类，一些密切相关的论著。如石毓智（1995，2004）、董秀芳（2002，2004）等。

第四类，专著中的专章语法化或专题语法化研究。前者如张伯江、方梅（1996）专著中第三部分就是语法化研究；后者如高增霞（2006），梁银峰（2007），李焱、孟繁杰（2010），高顺全（2015），方有国（2015），张秀松（2020）等的研究。

目前，运用语法化理论对汉语的虚词进行分析的理论成果越来越多，有些学者对"跟""被""把""不如""要么""给"等词的虚化过程进行了语法化分析，有些学者从不同方面对语法化进行分析，如"语序变化""临界频率""认知域间的转移""时空认知"等角度。

三 "过"的语法化的研究现状

关于"过"语法化的机制，闫妍（2011）曾做过总结，具体如下。

句法结构阐释方面，曹广顺（1995）认为，"从实词不断发生变化最终演化成助词的发展过程就是一个实词虚化的过程，导致实词虚化的因素主要是结构关系、语法位置与词义的不断相互影响转变，词义发生虚化会影响实词的结构关系和语法位置的转变，同时语法位置的改变也会逐渐影响词义不断虚化"。作者认为这种相互作用最终会导致实词向虚词的转变。俞光中、植田均（1999）认为"过$_2$"因表经历的"过$_1$来"中的"来"脱落而产生。

认知角度阐释方面，吴云（2004）分析了"过"的语法意义以及"过"的用法，她概括"过"的基本语法意义是"表示某一动体从一个起点出发，经过某一处所后，最终到达另一处所，即终点"。作者认为"过"的语法意义可以根据人的认知的不同侧重点，做出不同的勾画，从而显出不同的意义。

语义阐释方面，李永（2005）利用语法义素理论，讨论了"过"的语法化的动因。他认为"动态助词的衍生依赖于特定的句法结构，在这种结构中，动词潜在的语法义素被激活，最终形成某种完整的语法意义"。动词"过"原本表示动作主体的空间运动，之后也用作表示动作主体的时间运动。"过"的理性义素为[+移动/经过][+空间]，之后非核心义素发生变化，由［+空间］转变为［+时间］。和谓词连用时，语法义素被激活：置于另一个谓词前，"过"变成程度副词，表示事物的某种性状超过标准；置于另一个谓词后，即在"VP/V+过"结构中，"过"则为助词。

除此之外，彭睿（2009）依据共时变体的语义、语用和认知上的关系来构拟"过"的历史发展轨迹和演变条件，从而探讨"共时推溯历时"的可能性，以追求共时关系和历时轨迹的对应。

王世群（2011）对"过"的语法化历程进行了分析，认为动态助词"过$_1$"和"过$_2$"的演变可区分为两个阶段，即演变发生和演变扩散。就形成机制而言，"过$_1$"的产生主要是由于隐喻、类推以及重新分析的作用，趋向动词"过"的形成是"过$_1$"产生的关键；而"过$_2$"是"过$_1$"吸收了助词"来"及其经常出现的句法环境的语法意义产生的，可以说是"过$_1$"在特殊语境下的产物。

第三节 "过"的语法化的界定

一个实词在发展过程中是否真正出现了语法化，语法化的程度如何，应该有一个判断标准。那么如何去判断一个实词是否语法化，重点是看词语的语义是具有实在意义，还是没有实在意义，是只具有语法意义，还是语义处于"实"与"虚"之间的状态。"过"本身是一个动词，有"经过"等多种语义，而"过$_1$""过$_2$"在现代汉语中是虚化了的词，在研究"过"语法化的过程中需要对其加以判断，判断的标准如下。

需要注意的是，在"过"语法化的过程中，判断其是否发生语法化是一个很复杂的问题，我们不能一蹴而就，只用一个标准，而要从多个角度多层面去研究，要有主要标准和次要标准。

一 "过$_1$"的判断标准

（一）主要标准

从语义上看，"过"在语句中不再表示"经过""超过""到"等含义，意义已经虚化；从功能上看，"过"表示动作行为内部运行阶段的"完成"（从"体"的角度说，是为阶段体中的"完成体"），为"过$_1$"。

（二）次要标准

1. 从"过"与动词或动词词组的关系来看,"过$_1$"只是附着在动词或动词词组之后,与动词或动词词组不再是连动关系或动补关系。

2. 从与"过"组合的动词类型来看,"过"前面的动词不再是具有位移性质的动词。

3. 从动词与"过$_1$"结构出现的语境来看,其与前后事件或语境中暗含的事件往往在时间上具有一定的先后关系,表示"完成"某事后再去做另一件事。

二 "过$_2$"的判断标准

（一）主要标准

从语义上看,"过"的语义是虚的,即"过"不再表示"经过""到"等,也不表示动作行为的"完成",而是和动词一起表示"曾经经历过某事",对所谈之事有所影响。

（二）次要标准

1. 从句法形式上来看,在所在的语句中,常有"尝""曾经"等词,或者在句前有"……时"等类似的标记言语。

2. 从动词与"过$_2$"结构出现的语境来看,"过$_2$"句常为曾然事件,是事理说明、解释目前的事件。

第四节 研究方法及语料来源

一 研究方法

（一）历时与共时相结合

本书对"过"从先秦至现代进行了历时性的考察,考察其语法化过程,与此同时,在研究过程中,也从共时的角度考察每个时期"过"语法化的状态。笔者从不同的历史阶段对"过"进行考察,若后一个历史阶段的文献直接引用前一历史阶段的语言,这些语言应视为"前朝语言",将不做统计分析;若后一历史阶段文献撰写者用自己的语言改动前一历史阶段的语言,视为"后代语言",做统计分析。

(二)句法、语义、语用、认知相结合

本书对每个时期"动词+过"的句法组合情况进行了分析与判断,对动词的类型、"过"的语义情况进行描写分析,从认知等角度阐释"过"语法化的动因与机制。

(三)定量分析与定性分析相结合

本书对每个时期"动词+过"结构出现的频率进行了统计,并对"动词+过"中"过"的语法状态进行了定性分析。

(四)描写、分析与解释相结合

描写语料、分析语料、解释语料是语言研究的三个重要环节,本书语法化的历程采取描写、分析的手段,动因与机制则从多角度进行解释。

二 语料来源

本书古代语料主要来自国学宝典数据库、北京语言大学 BCC 汉语语料库、北京大学中国语言学研究中心 CCL 语料库。本书探究"过"的语法化,在语料上采取"按时间先后排序的原则",考察语料多为史书、笔记、小说、剧本等。

第二章 "过$_1$"的语法化历程研究

要想探究"过"的语法化,先要弄明白语料的初始阶段"过"的含义。笔者考察在先秦时代"过"的语义如下。

1. 过错,作名词

(1) 老老而壮者归焉,不穷穷而通者积焉,行乎冥冥而施乎无报,而贤不肖一焉。人有此三行,虽有大过,天其不遂乎?(《荀子·修身》)

(2) 卜皮对曰:"夫慈者不忍,而惠者好与也。不忍则不诛有过,好予则不待有功而赏。有过不罪,无功受赏,虽亡,不亦可乎!"(《韩非子·内储说上·七术》)

2. 犯错误,作动词

(3) 鲁君太息而叹曰:"宓子以此谏寡人之不肖也。寡人之乱宓子,而令宓子不得行其术,必数有之矣。微二人,寡人几过。"遂发所爱,而令之亶父,告宓子曰:"自今以来,亶父非寡人之有也,子之有也。有便于亶父者,子决为之矣。五岁而言其要。"(《吕氏春秋·审应览·具备》)

(4) 人恒过,然后能改。困于心,衡于虑,而后作。(《孟子·告子下》)

3. 超过

(5) 曾点使曾参,过期而不至,人皆见曾点曰:"无乃畏邪?"(《吕氏春秋·孟夏纪·劝学》)

（6）大不出钧，重不过石，小大轻重之衷也。(《吕氏春秋·仲夏纪·适音》)

4. 过分

（7）子贡问："师与商也孰贤？"子曰："师也过，商也不及。"曰："然则师愈与？"子曰："过犹不及。"(《论语·先进》)

5. 过于、非常

（8）子贡观于鲁庙之北堂，出而问于孔子曰："乡者，赐观于太庙之北堂，吾亦未辍，还复瞻被九盖皆继，被有说邪？匠过绝邪？"孔子曰："太庙之堂亦尝有说。官致良工，因丽节文，非无良材也，盖曰贵文也。"(《荀子·宥坐》)

6. 经过

（9）子击磬于卫，有荷蒉而过孔氏之门者，曰："有心哉，击磬乎！"(《论语·宪问》)

（10）微风过之，湛浊动乎下，清明乱于上，则不可以得大形之正也。(《荀子·解蔽》)

7. 拜访

（11）江有沱，之子归，不我过。不我过，其啸也歌。(《诗经·江有汜》)

（12）吏陈斧质于东闾，不欲杀之，而欲去之。狐援闻而蹶往过之。吏曰："哭国之法斫，先生之老欤昏欤？"(《吕氏春秋·贵直论·贵直》)

8. 败

（13）义也者，万事之纪也，君臣上下亲疏之所由起也，治乱安

危过胜之所在也。过胜之，勿求于他，必反于己。（此注解依蒋锡鸣说）（《吕氏春秋·仲秋纪·论威》）

9. 渡过

（14）于是相与趋之，行三十里，及而杀之。此以知故也。孟贲过于河，先其五。船人怒，而以楫虓其头，顾不知其孟贲也。（《吕氏春秋·孝行览·必己》）

（15）导嶓冢，至于荆山；内方，至于大别；岷山之阳，至于衡山，过九江，至于敷浅原。（《尚书·夏书·禹贡》）

10. 责备

（16）故乱国之使其民，不论人之性，不反人之情，烦为教而过不识，数为令而非不从，巨为危而罪不敢，重为任而罚不胜。（《吕氏春秋·离俗览·适威》）

"过"具有多种语义，呈现辐射式和连锁式兼有的语义引申方式。动态助词"过$_1$"和"过$_2$"究竟是何种词性、何种语义的"过"演化而来的呢？通过对"过"的语义、语用及句法组合等多角度进行考察，笔者发现表示"经过""通过"的"过"是"过"语法化要考察的关键要素，也是就是说动态助词"过"是在本义"经过"［从造字法来看，"过"为形声字，从辵（chuò），表示与行走有关，咼（guā）声。许慎《说文解字》解释为"度也"，本义为"走过，经过"］之"过"的基础上语法化而形成的。

通过考察，笔者发现表"经过"之"过"演变成表动作行为完成的"过$_1$"（完成体），又由"过$_1$"演变成事件背景表示经历的"过$_2$"（经历体）。那么动词"过"为什么会演变成动态助词"过"，有哪些因素促使其演化，是内部因素还是外部因素，外部因素是指哪些……这些都是笔者要思考的问题。为此，笔者需要从历时角度研究各个时代动词与"过"的结构关系、组合结构中动词的类型、"过"的语法化状态及其出现频率等。

第一节 "过₁"语法化的前阶段

为了能更清楚地把握"过"的语法化历程，笔者将其语法化历程分成四个阶段。语法化的前阶段是指"过"在词性上仍是动词，具有实在语义，并未产生语法化的状态。

一 先秦时代之"过"

在先秦时代，"动词+过"的组合关系主要是连动关系，组合结构中"动词"的语义特点主要是具有［+位移性］、［+自主性］，组合结构中"过"的含义是其本义"经过"。如果是非位移动词，其与"过"的组合衔接不是很紧密，常常可以用句读断开（句法组合和语义搭配不是很紧密）。

(1) 师行过周，王孙满要门而窥之，曰："呜呼！是师必有疵。若无疵，吾不复言道矣。……"（《吕氏春秋·先识览·悔过》）

(2) 晋阳处父聘于卫，反过宁，宁嬴从之，及温而还，其妻问之。嬴曰："以刚。《商书》曰：'沈渐刚克，高明柔克。'夫子壹之，其不没乎！……"（《左传·文公五年》）

例 (1)、例 (2) 在组合结构上是"动词+过+地名"，动词"行"表示出行，"反"表示返回，都是位移性动词，"过"在结构中当"经过"讲，"行"为正向位移，"反"为反向位移。从组合紧密程度来看，"行"与"过"之间关系相对紧密，一般不在两者之间添加句读。"反"与"行"相比，与"过"的组合关系没有那么紧密，其后有时可以添加句读，"反，过宁"也没有什么问题。这也与日常事件发生背景有关，就像我们常说"去什么地方""走到什么地方"，其使用频率要比"返回后，到了什么地方"的频率高。

(3) 十六年春，陨石于宋五，陨星也。六鹢退飞过宋都，风也。（《左传·僖公十六年》）

例（3）也是"动词+过+地名"结构，"六鹢退飞过宋都"，"六鹢"是"退飞"和"过宋都"共同的行为主体，"退"是对"飞"的方向、方式的描述，"退着飞，经过宋都"，"退飞"与"过"组合关系也不是很紧密，两者之间仍为连动关系。

（4）天与地无穷，人死者有时，操有时之具而托于无穷之间，忽然无异骐骥之驰过隙也。（《庄子·杂篇·盗跖》）

（5）公以晋难告，曰："请反而听命。"姜怒，公子偃、公子鉏趋过，指之曰："女不可，是皆君也。"（《左传·成公十六年》）

（6）王出，复语。左史倚相趋过。王曰："是良史也，子善视之。是能读《三坟》《五典》《八索》《九丘》。"（《左传·昭公十二年》）

（7）明日，早朝，而复于公曰："……崇玩好，县爱槐之令，载过者驰，步过者趋，威严拟乎君，逆之明者也；犯槐者刑，伤槐者死，刑杀不称，贼民之深者。……"（《晏子春秋·内篇谏下》）

例（4）结构为"驰+过+某地"，例（5）、例（6）结构为"趋+过"，"驰"和"趋"与例（1）至例（3）"过"前动词不同，其本身语义中含有描写义，"驰"意为"奔驰"，说明速度很快，"趋"意为"礼貌性地小步快走，表示恭敬"，"驰""趋"在语句中说明"过某地"的状态。两者与"过"的组合关系一般不紧密，其中间不能添加句读，然可以加"而"。下文会有论述。

例（7）动词"过"前有"载""步"，表示"乘车""步行"，是"过某地之人"的出行方式，"坐车经过的人奔驰而过，步行经过的人小步快走而过"，"载""步"与"过"之间不能添加句读，然可以加"而"或"以"。

我们说上文"驰""趋""载""步"与"过"之间组合不是很紧密，其间可以加"而"或"以"，是基于以下语例，当然也有一些别的动词与"过"组合时，中间可以加"而"或"以"。

（8）陈亢问于伯鱼曰："子亦有异闻乎？"对曰："未也。尝独立，鲤趋而过庭。曰：'学诗乎？'对曰：'未也。''不学诗，无以言。'鲤退而学诗。他日，又独立，鲤趋而过庭，曰：'学礼乎？'对曰：'未

也。'"不学礼，无以立。'鲤退而学礼。闻斯二者。"(《论语·季氏》)

（9）楚狂接舆歌而过孔子，曰："凤兮凤兮！何德之衰？往者不可谏，来者犹可追。已而，已而！今之从政者殆而！"（《论语·微子》）

（10）是故别君之言曰："吾恶能为吾万民之身，若为吾身，此泰非天下之情也。人之生乎地上之无几何也，譬之犹驷驰而过隙也。"（《墨子·兼爱下》）

（11）使宰人臑熊蹯，不熟，杀之，令妇人载而过朝以示威，不适也。（《吕氏春秋·贵直论·过理》）

（12）夫人姜氏归于齐，大归也。将行，哭而过市曰："天乎！仲为不道，杀适立庶。"市人皆哭，鲁人谓之哀姜。（《左传·文公十八年》）

（13）晋灵公不君，厚敛以雕墙，从台上弹人，而观其辟丸也，宰夫胹熊蹯不熟，杀之，置诸畚，使妇人载以过朝。（《左传·宣公二年》）

在"动词+而/以+过"言语框架中，连词"而"和"以"说明前动词表示"过"的方式、状态，"歌而过孔子""哭而过市""载以过朝"中"歌""哭""载"是"过"的方式。在"动+过"结构中，如"趋过""驰过""步过"，"趋""驰""步"与"过"地位是不平等的，表示"过"的方式，下面的语句可以说明。

（14）子见齐衰者、冕衣裳者与瞽者，见之，虽少，必作；过之，必趋。（《论语·子罕》）

（15）封比干之墓，靖箕子之宫，表商容之闾，士过者趋，车过者下。三日之内，与谋之士，封为诸侯，诸大夫赏以书社，庶士施政去赋。（《吕氏春秋·慎大览·慎大》）

（16）公孙接、田开疆、古冶子事景公，以勇力搏虎闻。晏子过而趋，三子者不起。（《晏子春秋·内篇谏下》）

"过之，必趋""士过者趋""过而趋"都说明了"过"时存在"趋"这样的动作状态。

通过上文，我们可以知道先秦时代动词和"过"的组合关系有紧密的，中间不能断句，也不能加连词"而"或"以"，也有组合关系不紧密的，中间可以加上句读，使之成为具有前景、背景关系的两个事件。如果动词表示"过"的方式、状态，中间可以有连词"而"或"以"。动词大部分都是位移性动词，有些虽不是位移性动词，但其前有方向性词语。先秦时代动词和"过"的关系为连动关系。在此，我们也要说明，相同的动词与"过"的组合在不同的语句结构中，中间加与不加连词的衔接程度（也可以称为"融合程度"）是不同的，比如例（4）和例（10）中"驰"跟"过"的组合就是如此。

"过"与动词组合的频率也是影响"过"语法化的重要因素，我们将表连动关系的结构"动词+过""动词+而+过""动词+以+过"的出现频率进行总结（见表2-1），当然先秦文献中也有"动词+宾语+过+其他"的情况，如"有荷蒉而过孔氏之门者"（《论语·宪问》）、"有牵牛而过堂下者"（《孟子·梁惠王上》），这种结构不在考察范围之内。

表2-1 先秦文献中表连动关系的结构"动词+过""动词+而+过""动词+以+过"的出现频率

文献名称	动词+过	动词+而+过	动词+以+过
《诗经》	0	0	0
《尚书》	0	0	0
《周礼》	0	0	0
《周易》	0	0	0
《左传》	退飞过宋都 反过宁 趋过2次	哭而过市	载以过朝
《楚辞》	0	0	0
《尔雅》	0	0	0
《论语》	0	趋而过庭2次 歌而过孔子	0
《孟子》	0	0	0
《孝经》	0	0	0
《仪礼》	0	0	0
《逸周书》	0	0	0
《管子》	0	0	有二鸿飞而过之

续表

文献名称	动词+过	动词+而+过	动词+以+过
《韩非子》	0	0	0
《老子》	0	0	0
《吕氏春秋》	师行过周	0	载而过朝以示威
《晏子春秋》	载过者驰，步过者趋	0	0
《荀子》	0	0	0
《墨子》	0	0	譬之犹驷驰而过隙也
《庄子》	无异骐骥之驰过隙也	0	0

二 汉代之"过"

在汉代，动词与"过"（经过）的组合关系与先秦时代相比，没有太大变化，依然是连动关系。组合结构中的动词有位移性动词，如"飞""还""行"等，也有活动性动词，如"游""巡狩"等。组合结构中"过"的语义是本义"经过"或当"到"讲。

（1）北报赵王，乃行过雒阳，车骑辎重，诸侯各发使送之甚众，疑于王者。（《史记·苏秦列传》）

（2）还过吴，从江乘渡。并海上，北至琅邪。（《史记·秦始皇本纪》）

（3）南方有鸟名鹓鶵，非竹实不食，非醴泉不饮，飞过泰山，泰山之鸱，俯啄腐鼠，仰见鹓雏而吓。（桓宽《盐铁论·毁学》）

（4）代者经病，病去过人，人则去。（《史记·扁鹊仓公列传》）

例（1）至例（4）中与"过"组合的动词"行""还""飞""去"都是位移性动词，"行""还"与"过"的组合先秦已出现过，"飞"在《左传》中先与"退"组合，后与"过"组合，但在此，"飞"与"过"衔接紧密，中间不能加入句读。例（4）句意为"代脉是经脉生病，病情发展遍及全身，人就会死"，先秦两汉时期"去"有多种语义，如离开、距离、赶走、去掉、抛弃等，"病去过人"之"去"表示"疾走"，疾病在人身上疾走蔓延，"过"表示"至，到达"，到达人身体各处，事件具有时间先后顺序，因此，此处"去过"视为连动结构较好。

需补充下，两汉出现"去，过+地点"结构，笔者考察的语料先秦未出现，两汉仅《史记》3 例、《汉书》1 例。如："去，过五鹿，饥而从野人乞食，野人盛土器中进之。"（《史记·晋世家》）笔者之所以未将其列入考察范围，是因为"去"表"离开"，意为离开某地，之后"经过""到"某地。两个子事件有时间先后顺序，可以视为连动关系。为了与现代汉语"我去过某地"区分，一般情况下，我们将其断为两个分句。

（5）本居敦煌、祁连间，至冒顿单于攻破月氏，而老上单于杀月氏，以其头为饮器，月氏乃远去，过大宛，西击大夏而臣之，都妫水北为王庭。（《汉书·西域传》）

（6）汉八年，上从东垣还，过赵，贯高等乃壁人柏人，要之置厕。（《史记·张耳陈余列传》）

例（5）"去"前有形容词"远"，"远去"前有副词"乃"，说明"过"与"大宛"组成动宾结构，"远去"与"过大宛"应断为两个分句。例（6）"还"前有介词词组"从东垣"修饰，"过"与"赵"组成动宾结构，"从东垣还"与"过赵"应断为两个分句。

（7）荆轲尝游过榆次，与盖聂论剑，盖聂怒而目之。（《史记·刺客列传》）

（8）七年，晋文公、秦缪公共围郑，以其无礼于文公亡过时，及城濮时郑助楚也。（《史记·晋世家》）

（9）武帝巡狩过河间，望气者言此有奇女，天子亟使使召之。（《汉书·外戚传》）

（10）到新安。诸侯吏卒异时故繇使屯戍过秦中，秦中吏卒遇之多无状，及秦军降诸侯，诸侯吏卒乘胜多奴虏使之，轻折辱秦吏卒。（《史记·项羽本纪》）

（11）向曰："文帝时政颇遗失，皆所谓悔吝小疵耶。尝辇过郎署，问中郎冯唐以赵将廉颇、马服……"（应劭《风俗通义·正失》）

例（7）、例（8）、例（9）、例（11）"游""亡""巡狩""辇"为活动性动词，"出游、游玩""逃亡""巡狩""乘辇去某地"应"必有方"（告知去处），故可以与"过"组合。各句语义为"游玩经过榆次""逃亡经过时""巡狩到河间""乘辇到郎署"，可以看出这些动词与"过"依然是连动关系。

我们发现两汉时期"动词+过"结构前存在表时间的副词，如例（1）"乃行过雒阳"、例（7）"荆轲尝游过榆次"、例（11）"尝辇过郎署"。"乃"表示事件在时间上的紧密衔接，"尝"表示"曾经"，这些词语的运用使动词和"过"衔接更为紧密，这也说明虽然先秦、两汉时期"动词+过"结构都表示连动关系，但两汉时期动词与"过"组合更紧密一些。

汉代动词与"过"组合情况见表2-2。

表2-2 汉代动词与"过"组合情况

文献名称	动词+过
《盐铁论》	飞+过+地点：飞过泰山
《史记》	还+过+地点：还过吴/陈/轵道/彭城/宜春宫/幕南 还+过+动词：还过祭常山 行+过+地点：行过夷门/雒阳 行+过+连词+动词：行过则祀/行过乃用驹 亡+过+地点：晋公子重耳其亡过曹 亡+过：以其无礼于文公亡过时 游+过+地点：游过榆次 屯戍+过+地点：诸侯吏卒异时故繇使屯戍过秦中 辇+过：文帝辇过 去+过+地点：病去过人
《风俗通义》	辇+过+地点：辇过郎署
《汉书》	行+过+地点：行过河鼓 行+过+（连词）+动词结构：独行过亲祠/行过则祠/武帝行过更名也/武帝元鼎六年行过更名 还+过+地点：还过枦弥/轵道/泗上亭/赵/雒阳/鲁 还+过+动词结构：还过，发西国兵二万人 巡狩+过+地点：武帝巡狩过河间 屯戍+过+地点：异时诸侯吏卒徭役屯戍过秦中 辇+过：帝辇过
《战国策》	反+过+地点：还反过薛 来+过+地点：苏代为燕谓惠王曰："今者臣来，过易水，……"

三 魏晋南北朝之"过"

研究语法化，要把研究要点置于语法系统中去研究。在魏晋南北朝时期，动词与"过"的组合关系，不仅有连动关系，而且出现了动补关系。在动补关系中，"过"的语法地位下降，而语法地位下降是一个词语语法化的条件之一。动补关系是连动关系进一步发展的结果，连动关系中动词与"过"的组合关系不够紧密，两者中间可有语音停顿或加入虚词"而"等，而动补结构中动词与"过"基本上不能分开，"过"的语法地位下降，语义上表趋向、结果。

（一）魏晋南北朝动补结构"动词+过"分析

在动补结构中，动词的类型可以分为以下几种情况。

第一种情况是动词为自移性动词，这样的动词有"飞""运""来""行""还"等。

1. 动词+过+方位词或处所名词

（1）忽有一物直来过前，状如兽。手中持火，以口吹之。生惊举刀斫便死。（刘敬叔《异苑·火灾》）

（2）晋成帝咸和四年，司空郗鉴又徙流民之在淮南者于晋陵诸县，其徙过江南及留在江北者，并立侨郡县以司牧之。（《宋书·志第二十五》）

（3）时尉行过亭，萌候迎拜谒，既而掷盾叹曰："大丈夫安能为人役哉！"（《后汉书·逸民列传·逢萌》）

（4）武军奔过霸营，大呼求救。（《后汉书·铫期王霸祭遵列传·王霸》）

（5）圃泽之役有伯丰子者，行过东里，遇邓析。（《列子·仲尼第四》）

（6）积七八年，鲍鱼主后行过庙下，问其故，人具为之说。（葛洪《抱朴子·内篇·道意》）

我们先看例（1），从"狐"以口吹"生"，"生"杀之这一情景可以看出，是一个形状如兽的东西径直来到男子面前，即"过"当"到、至"讲，不是从男子面前"经过"。我们知道"来"是自移性动词，"过前"也解释为"来"的空间位移终点说明，即"来"这一位移性动词的补语。例（2）中"徙"为位移动词，"江南"为位移终点，"过"语义上表"到"。例（3）至例（6）与例（2）类同。词语"过"语义的演变受语境的影响，是人们语言使用的结果，这些都为"过"的语法化提供了条件。

（7）有县农行过舍边，仰视，见龙牵车。五色晃烂，甚大非常，有顷遂灭。（干宝《搜神记》）

例（7）"过"在语义上表"经过"，"舍边"中的"边"，表"舍"的"边界"，表"行"这一动作空间位移的参照视点。

2. 动词+过

（8）十一月初入波知国。境土甚狭，七日行过。（杨衒之《洛阳伽蓝记·城北》）

（9）西域苟夷国，山上有石骆驼，腹下出水，以金铁及手承取，即便对过，惟瓠芦盛之者，则得饮之，令人身体香净而升仙。其国神秘，不可数遇。（刘敬叔《异苑》）

例（8）中，"行过"之"过"仍是"经过"义，与例（1）不同。例（8）句意为波知国国土非常狭小，七天就走完了。"行过"前存在说明性表时间段的短语"七日"，使"行过"这一事件性的结构组合更为紧密，前景事件小句说"境土甚狭"，表示原因，"甚狭"是对"境土"的评价，"七日行过"是结果，为已发生事件。虽然"过"表"经过"，但在此"经过"义已有所消损，在这里作"行"的趋向补语。但与此同时，它也可以表示在"波知国""行"的结果，"行"过去了，"境土"边界的"经过"也意味着"过波知国"事件的结束。也就是说，"过"在此既可表示趋向，也可表示结果。

例（9）中，以金铁及手承取"水"，"水"即便对过，"对过"犹言"穿过"，即"水"从手或金铁用具中穿过去了。此处描写的不是人，也不是其他动物，而是"水"，为物品的"穿过"，其前存在时间副词"即"，与"便"一起表示时间短暂，二者使"对"和"过"的组合更为紧密。与例（8）相同，"过"在此作补语，既表示趋向，也表示结果。

第二种情况是动词为使移性动词。

（10）自送过浙江，寄山阴魏家，得免。（《世说新语·任诞》）
（11）又度丝锦与昆仑舶营货，辄使传令防送过南州津。世祖拜陵还，景真白服乘画舴艋，坐胡床，观者咸疑是太子。（《南齐书·列传第十二》）

例（10）、例（11）中"送"为使移性动词。例（10）为"卒"送庾冰过浙江，句中"过"虽意为"渡过"，但庾冰渡过了浙江，本身也意味着"送"这一事件的完成，从全句来看，事件性结构"送过浙江"前存在介词"自"，后又衔接两个事件"寄山阴魏家""得免"，也说明"送过浙江"这一事件的完成，前一事件完成后，又出另两个事件。例（11）中"过"当"至"讲，句意为把丝锦送到南州津，此处与例（10）相同，送到目的地，也就表示事件的完成。

第三种情况是动词为行为动词。

（12）战过半日，彰铠中数箭，意气益厉，乘胜逐北，至于桑乾，去代二百余里。（陈寿《三国志·魏书·任城陈萧王传》）
（13）及成服，悉遣诸王还第。子良固乞留过䘠葬，不许。（《魏书·列传第八十六》）

例（12）"战"指战争的状态，"过"当"经过"讲，"半日"指战争持续的时间，其结构应为"战/过半日"，"过半日"说明"战"的时间。例（13）"留过䘠葬"，事件"䘠葬"是"留"的时间终点。"战""留"都是可持续性的动词，其后的补语表示持续的时间。

"过"从动词语法化成完成体"过$_1$"不是突变的，而是有一个渐变的过程，先秦两汉为"位移性动词+过"，位移性动词与"过"构成连动结构，动词与"过"关系是不紧密的，中间有时有"而""以"等。到魏晋南北朝时期，动词与"过"的组合类型发生变化，出现了"自移性动词+过""使移性动词+过""持续性动词+过+时段性词语"等结构，也就是说"过"前的动词类型逐渐增加，动词与"过"的组合更加紧密，出现了"过"单独作补语的情况。

（二）表完成义"过"的孤例现象

（14）文帝黄初初，改为中书令，又置监，及通事郎，次黄门郎。黄门郎已署事过，通事乃奉以入，为帝省读书可。（《宋书·志第三十》）

例（14）在国学宝典数据库版本（武英殿本）、中华书局简体字本、1974年中华书局出版的点校本（此本以三朝本、北监本、汲古阁本、武英殿本、金陵书局本、百衲本互校）、《二十四史全译》（汉语大词典出版社）版本中语句相同。署事：处理公事或代理职事。例（14）后半句《二十四史全译》翻译如下："黄门郎已将公文签署处理过，通事郎则持入宫，替皇帝阅读批答、签字认可。"几个事件存在先后顺序，另外，语句中有"……已……，……则……"关联词结构，黄门郎"署事"完，通事郎才"奉以入"，"过"在这里表"完成"，虽然如此，"过"仍然是动词，在此作动相补语。

"署事过"与"V+O+完成动词"在结构上相同，可能受"V+O+毕/竟/讫/已"结构的影响。目前，笔者所查阅的汉及魏晋南北朝的语料中，只发现此一例。

笔者发现，在魏晋南北朝时期存在这样一些情况："过"作动词时，虽然表示一件事"过去"，但也蕴含了事件"完成"的语义。

（15）阮光禄赴山陵，至都，不往殷、刘许，过事便还。诸人相与追之，阮亦知时流必当逐己，乃遘疾而去，至方山不相及。（《世说新语·方正》）

（16）有沙门宝公者，不知何处人也。形貌丑陋，心识通达，过去未来，预睹三世。发言似谶不可解，事过之后，始验其实。（杨衒之《洛阳伽蓝记·城西》）

例（15）意为"光禄大夫阮思旷参加成帝的葬礼，到京都后，未到殷浩、刘惔家探望，办完事后立马往回赶"，"过事"意思是办完事，"过"有"完"义，"便"为副词，表示两个事件时间上相邻很近。例（16）"事过"，事情过去，句意即事情有了某个结果，才开始验证它的真实性。

第二节　完成体"过₁"的形成发展阶段

笔者认同完成体"过₁"产生于唐代，王力（1980），刘坚等（1992），曹广顺（1995），龚千炎（1995），吴福祥（1996），卢烈红（1998），俞光中、植田均（1999），等等亦持此观点。

从隋唐至元代，"过"的语法化经历了漫长的发展时期，在这一时期内，"过₁"相对于其他完成动词和完成助词而言，出现的频率还很低，所以笔者将这一时期定为形成发展阶段。

一　隋唐五代之"过₁"

隋唐五代时期，与"过₁"组合的结构类型相对来说较少，笔者按其结构特点分类如下：

1. 主语（人）+动词+过₁+宾语

（1）讲僧因辍诵听之，每至义理深微，常不能解处，闻醉僧诵过经，心自开解。（李昉《太平广记》卷九四《纪闻·法将》）（曹广顺，1995）

（2）望嵩楼上忽相见，看过花开花落时。（刘禹锡《送廖参谋东游二首》其一）（杨永龙，2001a）

（3）簪茱泛菊俯平阡，饮过三杯却惘然。（郑絪《九日登高怀邵二》）

（4）泉边白鹿闻人语，看过天坛渐入深。（朱庆馀《寻古观》）

例（1）"闻醉僧诵过经"，诵经，念诵经文，本身是一个动宾结构，也就是说"过"在此处只有语法意义，表示"完成"。"闻醉僧诵过经"

其后有小句后续事件"心自开解",即"诵过经"是前景事件。

例(2)"望嵩楼上忽相见"与"看过花开花落时"在时间上有先后关系,"花开""花落"为"看"持续的时间,而"过"表示此事件已完成,成为过去。

例(3)"饮过三杯"意为"饮完三杯",事件完成后才"却惘然"。

例(4)"看过天坛"意为"看天坛"事件的完成,此事件过后结果是"渐入深"。

2. 动词+过$_1$

隋唐、五代时期"过$_1$"的组合结构最多的是"动词+过$_1$",在此结构前或后会有一些伴随性词语。"动词+过$_1$"这一组合结构又可以细分如下。

第一种:(主语)+动词+过$_1$。

(5) 有令初至,因差丁造名簿,将身点过。(《启颜录》)

(6) 蒙使君报云:"本司检过。"(圆仁《入唐求法巡礼行记》)(曹广顺,1995)

(7) 莫生离别相,见过不和南①。(王梵志《逢师须礼拜》)(曹小云,1994)

(8) 去岁会游帝里春,杏花开过各离秦。(李频《汉上逢同年崔八》)

(9) 谁知花雨夜来过,但见池台春草长。(李贺《荣华乐》)(曹广顺,1995)

(10) 报状拆开知足雨,赦书宣过喜无因。(王维《赠华州郑大夫》)(曹广顺,1995)

(11) 落晖看过后,独坐泪沾衣。(崔峒《春忆姚氏外甥》)

从语义学的角度来讲,例(5)至例(7)动词的主语为施事者"人";例(8)"开过"的主语为施事自然事物"杏花",例(9)"来过"的主语为施事自然事物"花雨";例(10)"赦书"、例(11)"落晖"为受事,未放在"宣过""看过"之后作宾语,而是作为一个话题置于动词前。例

---

① 佛教语,佛门称稽首、敬礼为"和南"。

(7)至例(11),"过₁"都位于前景事件中,例(11)在"看过"之后有表时间的名词"后"。

第二种:(主语)+副词(时间词语)+动词+过₁。

(12)又云:"青衣言诸小娘子苦爱人间文字不可得,常欲请一搨大文字而无由。"又问:"今在何处?""已发过也。"(谷神子《博异志·许汉阳》)

(13)汉阳展卷,皆金花之素,上以银字札之,卷大如拱斗,已半卷书过矣。(李昉《太平广记》卷四二二《博异志》)(曹广顺,1995)

(14)眖惊而退,遇李札。札曰:"侍御今日见过乎?已为地矣。"眖曰:"吾大误耳,但知求好婿,都不思其姓氏!"札大惊,惋恨之。(李昉《太平广记》卷二四二《李眖》)

(15)婆云:"水不妨饮,婆有一问,须先问过。"(《瑞州洞山良价禅师语录》)(曹广顺,1995)

(16)十二月〔大〕一日:癸卯,金平。三日:小寒。十八日:大寒。廿六日:腊。右件历日具注勘过。(圆仁《入唐求法巡礼行记》)

(17)远公对曰:贱奴念得一部十二卷,昨夜总念过。相公曰:汝莫慢语!远公曰:争敢诳忘相公。(《庐山远公话》)

(18)其前件九科,臣等商量,望起大中十年,权停三年,满后,至时赴科试者,令有司据所举人先进名,令中书舍人重覆问过。如有本业稍通,堪备朝廷顾问,即作等第进名,候敕处分。(《旧唐书·本纪第十八下》)

例(12)"发过"前为时间副词"已","已"是"已经"的意思,表示事件进展的状态,与"过₁"共同表示"出发"事件的完成与实现。例(13)中时间副词"已"统摄"半卷书过矣",与"过₁"一起表示"书"的进展。例(14)"动词+过"前"今日"表示事件发生的时间。例(15)"问过"前副词"先"表事件时间或次序在前,即"问过"事件在前,"饮水"事件在后,问完问题再喝水,在"先问过"前有副词"须"可以看出事件的未然性,即"过"用在未然事件中表"完成"。

例（16）、例（17）"动词+过"前有总括性范围副词"具""总"，语义上所指"右件""一部十二卷"，句意指"右边历日"全部注勘完，"一部十二卷"全部念完。例（18）"问过"前有重复性词语"重覆"，后"如有……"为"问过"后续的处理方式。

第三种：副词+名词+动词+过$_1$。

（19）既议罪，崔公为中书令，详决之。果尽以兵仗围入，具姓名唱过，判云准法。（李昉《太平广记》卷一四八《定数·崔圆》）

例（19）没有说"唱过姓名"，而是将受事"姓名"置于动词前，不同点在于前有总括性词语"具"。

3. 动词+宾语+过$_1$

（20）即见察，同过三十余人，公子名当二十。前十九人，各呼名过，素有邻，察则留处绞斩者，且半焉。次至公子，如其言诵咒，察久不言。（牛肃《纪闻·牛腾》）

例（20）较为特殊，动词"呼"后有宾语"名"，"过"表示"呼名"动作的完结，这也说明"过$_1$"形成初期存在一种介于动词和助词之间的语法化不成熟的状态，其与动词组合不是很紧密。

4. 其他

（21）仰山云："此是心机意识著述得成，待某甲亲自勘过。"（《潭州沩山灵祐禅师语录》）（曹广顺，1995）

（22）香严被问直得茫然，归察将平日看过底文字，从头要寻一句酬对，竟不能得。（《潭州沩山灵祐禅师语录》）（曹广顺，1995）

例（21）、例（22）是曹广顺列举的《潭州沩山灵祐禅师语录》中的句子，语录体的典籍较口语化。例（21）"动词+过"前为代词"亲自"，且小句前有表示未然的"待"。例（22）中的"过$_1$"语法化程度是很高的，我们可以看到"看+过"在句中作为一种修饰性成分，说明"过"的依附性很高。

　　笔者还发现在"动词+过"后还带有语气词,如"已发过也""侍御今日见过乎""已半卷书过矣","也"是表示判断和肯定的语气词,"乎"是表示疑问的语气词,"矣"是表示陈述语气的语气词,相当于现代汉语的"了"。

　　综上,我们分析了"过₁"所在句子的组合结构,如果我们从事件类型来看,往往存在两个子事件,两个子事件之间在时间上或逻辑上存在先后顺序,也可以解释"过₁"的完成义,即"动词+过"事件先完成,又发生一事件。如"落晖看过后,独坐泪沾衣","看落晖"事件完成(实现)后,在时间顺序上接着又发生"独坐泪沾衣"这一事件。有时"动词+过"事件的完结是另一事件发生的条件,句中伴随一些先决性的词语,如"婆云:'水不妨饮,婆有一问,须先问过。'"中有"须"和"先",先问过再饮水;"仰山云:'此是心机意识著述得成,待某甲亲自勘过。'"中有"待",待某甲亲自考核完后,再说此事。

　　从上面的分析,我们可以发现"动词+过"要比"动词+宾语+过"和"动词+过+宾语"出现的频率高得多,为何如此?笔者认同曹广顺的说法,曹广顺认为唐代"动词+过+宾语"少见,造成这种情况的原因,可能与动词"过"的词义有关。"过"是表达空间上运动的动词,这种运动,无疑都是以处所为起点,以处所为终点的,它所带的宾语,自然也应当是处所宾语。当"过"变成助词时,词义不是指空间运动,而是说运动状态,处所宾语与之搭配的机会减少了,这样,就造成了早期多用"动词+过",少用"动词+过+宾语"的现象。

　　隋唐、五代时期"过₁"前的动词大部分是非位移性动词,前面是否是非位移性动词是判断"过"是否是"过₁"的一个条件,因为位移性动词后的"过"常常蕴含趋向或结果之义,而非位移性动词后的"过"常没有趋向义,不表示"经过"等语义。在非位移性动词与"过"组合的结构中,非位移性动词常表述一个事件,而"过"已是虚化状态,在语法上表示事件的实现或完成。

　　例(1)"闻醉僧诵过经,心自开解"中动词"诵"为"诵读"义,听醉僧诵完经,心中以前不能理解的地方自然就解开了。例(17)"贱奴念得一部十二卷,昨夜总念过"中"念"为"诵读"义,句意为昨晚共诵读完一部十二卷经书，句中"念"前有总括性副词"总"，与"过₁"呼应。

例（2）、例（4）、例（11）、例（22）中都有"看过"，"看"为感官类动词，也是非位移性动词，"过"在语法上表示"看花开花落"、"看天坛"、"看落晖"和"看文字"事件的完结。

例（5）中"将身点过"，"点"为非位移性动词。《玉篇·黑部》云："点，检点也。""点"意为"清点、盘点、点名"，"过"表示完成，检查完名簿上的人名。例（19）中"具姓名唱过"中"唱"意为"长声高呼"，例（20）"前十九人，各呼名过"中"呼"意为"大声叫喊"，也就是说，例（19）、例（20）都是大声叫喊完人的姓名，才发生的后一事件，后一事件分别为"判云准法"和"素有郤，察则留处绞斩者，且半焉"，即"过"为完成体"过₁"。

例（8）"杏花开过各离秦"中"过"表示"杏花开"的完结，杏花落后匆匆分别。

例（9）指梁冀日夜作乐，连天晴下雨也不知道，见到池塘台阶旁的春草长高，才知道时节的变化。花雨，指春雨，夜里春雨来过，"过"表示春雨来事件的发生。

例（10）"赦书宣过"中动词"宣"意为"宣谕"，赦书宣读完后，"喜无囚"。

例（12）中"已发过也"指措大（旧称贫寒失意的读书人）许汉阳坐的船已经出发了。"发"是"出发"意，前有副词"已"，表示事态发展情况，"过"在此表"发"的"完成与实现"，为"过₁"。

例（13）"已半卷书过矣"中动词为"书"，为"书写"义，如《汉书·艺文志》："古之王者世有史官，君举必书。"该句意为"已有半卷书写过了"，句中时间副词"已"与"过"呼应。

例（14）札曰："侍御今日见过乎？已为地矣。"意思是李札问李睨，李侍御今天见过他了吗？已经做好安排了吧。例（7）中也存在"见过"，"莫生离别相，见过不和南"。是王梵志《逢师须礼拜》中的诗句，意思是不要有生分的想法，拜见过就不用合掌致礼了。这两个例句中，"过"表示"拜见"这一行为的实现。

例（15）"婆有一问，须先问过"中"问"是非位移性动词，"过"

在其后表示"问"这一事件的完结。从整个语句来看，存在事件先后顺序，先问过，再饮水；"问"这一事件完结后，再做另一件事"饮水"。

例（16）中"勘"意为校订、核对，句中有总括性范围副词"具"，句意为"都注释校订完"；例（6）中"检"意为"检查"，本司已检查完。例（21）与此类似，"勘"意思是"检查、考察"，要亲自考察完再说。

下面把以上例句出现过的动词梳理一下，共计 16 个，分别是"诵""看""饮""点""检""见""开""来""宣""发""书""问""勘""念""唱""呼"。除"来"外，其他动词都是非位移性动词，皆为活动性动词，从另一个角度来说，"见"为非持续性动词，其他动词为持续性动词（"开"是花"开"，花开不是一个瞬间动作，而有一个过程）。

二 宋代之"过₁"

王力（1980）认为"过₁"至宋才逐渐多起来，木霁弘（1989）认为"过"虚化的成熟期在南宋，太田辰夫（2003）认为"过"表"完成"的用法是宋代才产生的，说明宋代"过₁"的使用情况较隋唐五代时期是有所发展的。

卢烈红（1998）《〈古尊宿语要〉代词助词研究》写道：动态助词"过"到南宋中期的《朱子语类》中才比较常见，然而《朱子语类》中"过"出现的格式与《古尊宿语要》比无甚变化，仍以"动词+过"为主，"动词+过+宾语"甚少。直到元代，"过"出现的格式才以"动词+过+宾语"为主。杨永龙（2001b）《〈朱子语类〉完成体研究》写道：正如曹先生所见，《朱子语类》中"V 过"后带宾语的例子很少。我们注意到，可靠一些的"V 过₁"带宾语的例子较为少见，而且宾语大都不够典型，基本上都是数量短语，如"一遍""一番"之类，只有"天地"（"须是别换过天地"）是例外。这说明"V 过₁"带宾语尚受到一定的限制。从"过₁"与宾语的位置关系看，它既可以置于宾语之前构成"V+过₁+O"，也可以处于宾语之后构成"V+O+过₁"。不过，"V+O+过₁"中"过"的虚化程度似乎不如前两种结构那么高，大概正因为如此，曹文中对此没有涉及。

"过"的语法化及相关句式研究

1. 动词+过$_1$

(1) 魏鹤山答友人书云:"须从诸经字字看过,思所以自得,不可只从前贤言语上作工夫。"(罗大经《鹤林玉露》)

(2) 韩魏公喜焚此香。乃传其法:用黑角沉半两,郁金香一钱一字,麸炒丁香一分,上等腊茶一分,碾细,分作两处,麝香当门子一字,右先点一半,茶澄取清汁,研麝渍之,次屑三物入之,以余茶和半盏许,令众香蒸过,入磁器有油者,地窖窨一月。(张邦基《墨庄漫录》)

(3) 谓用竹削成筋火,其长数倍于筋,其锥甚锐,用以簪地;其尾则用热汤煮过,令槌碎和麻,各以成索;索尾又安扣头,扣转于竹片之上;仍将枪杆曳索于竹片之首。(华岳《翠微先生北征录》)

(4) 予尝书"天庆之观","天""之"二字皆四笔,"庆""观"多画,在下各随其相称写之,挂起气势自带过,皆如大小一般,虽真有飞动之势也。(张邦基《墨庄漫录》)

(5) 话且提过,只说官里当日设朝,诗曰:鸭鹁催明不让鸡,上阳初觉晓光辉。(《大宋宣和遗事》)

(6) 公以政堂逼近,窃不自安,因命笔题厅之东,告来者曰:"紫垣甚近,黄阁非遥,僚友见过,幸低声笑语。适谨启。"后紫垣、黄阁不十年登之,语兆之应也若此。(文莹《玉壶清话》)

(7)(丑白)你也要员梦,还是梦见甚底?(末)夜来梦见一条蛇儿,都是龙的头角。(丑)奇哉!蛇身龙头,唤做蛇入龙窠格。来,来,你把我个绦当龙头,这个当龙尾,仰着头,开着脚。(末)如何?(丑)廊絣!(末)草葬过!(丑)有四句卦象说得好。(九山书会《张协状元》)

(8) 后来都段段录出,排在那里,句句将来比对,逐字称停过,方见得程子说撇扑不破。(黎靖德《朱子语类》)(王世群,2011)

(9)(聂儿字董)又问:"少帝几岁?"绘等答曰:"渊圣皇帝庚辰是三十五岁。"又问:"皇帝几岁?"答以"三十二岁"。万户马上屈指数过:"来军前时如三十一二,恰是也。"(《绍兴甲寅通和录》)(刁晏斌,2007)

（10）这赋题是本朝张炳文侍郎出，丞相见，问是谁意思，左右云："事见前汉陆贾传。"丞相遂令人用番书译过，共传看后大喜，逐与张侍郎转两官。（《绍兴甲寅通和录》）（刁晏斌，2007）

（11）某等再三致谢，遂授某左元帅书一封。某等当面看过，遂辞而退。（《绍兴甲寅通和录》）（刁晏斌，2007）

（12）南泉拈起蕨菜问杉山："这个好供养。"山云："非但这个，百味珍馐，他亦不顾。"泉云："虽然如是，总须尝过。"（《古尊宿语要》）（卢烈红，1998）

（13）"……若是从头一一问过，几时得休？……"（《古尊宿语要》）（卢烈红，1998）

（14）小参，示众云："……从上古人，凡到所在，见一个村院主也须问过。……"（《古尊宿语要》）（卢烈红，1998）

（15）为说三斤麻最好，三斤天下说尖新。……余今更为重秤过，那吒太子析全身。（《古尊宿语要》）（卢烈红，1998）

（16）《中庸解》每番看过，不甚有疑；《大学》则一面看，一面疑，未甚惬意，所以改削不已。（黎靖德《朱子语类》）

（17）如一堆火，自其初发以至渐渐发过，消尽为灰，其消之未尽处，固天地之心也，然那消尽底，亦天地之心也。（黎靖德《朱子语类》）

宋代动词与"过₁"组合结构以"动词+过₁"结构为主，从事件类型上看，"动词+过₁"大多用于背景事件中，说明后一事件的背景时间信息。如例（2）"以余茶和半盏许，令众香蒸过，入磁器有油者……"，"蒸过"前有工具性词语"令众香"，表示如何操作。这种具有操作性质的语句还有例（3）"其尾则用热汤煮过"这一工序完成之后，再接着进行另一道工序"令槌碎和麻"，动词"煮"前有工具性词语"用热汤"，表操作方式，在顺时事件链中，强化了"过₁"的完成义。

有时在"动词+过₁"前有表示"每一"的词语，如例（1）"须从诸经字字看过"、例（13）"若是从头一一问过"、例（16）"《中庸解》每番看过"；有时在"动词+过₁"后有说明、评价性小句，如例（10）"丞相遂令人用番书译过，共传看后大喜"。

"过"的语法化及相关句式研究

2. 动词1+过₁+动词2

（18）心本一支离，而去者乃意尔。看文字须是一看过领得，方是理通。克己须是从性偏难克去处克将去，克己之私，则心虚见理矣。（谢良佐《上蔡语录》）

（19）遂遣提举官同到南内奏过遵依讫。次日进早膳后，车驾与皇后太子过宫起居二殿讫，先至灿锦亭进茶，宣召吴郡王、曾两府已下六员侍宴，同至后苑看花。（周密《武林旧事》）

（20）盛衰阅过君应笑，宠辱年来我亦平。（苏轼《和致仕张郎中春昼》）（曹广顺，1995）

（21）须要思量圣人之言是说个甚么，要将何用。若只读过便休，何必读？（黎靖德《朱子语类》）

（22）先生因吃茶罢，曰："物之甘者，吃过必酸；苦者吃过却甘。茶本苦物，吃过却甘。"（黎靖德《朱子语类》）

（23）若只看过便住，自是易得忘了，故须常常温习，方见滋味。（黎靖德《朱子语类》）

（24）子贡多是说过晓得了便休，更没收杀。（黎靖德《朱子语类》）

（25）看文字，不可恁地看过便道了。须是时复玩味，庶几忽然感悟，到得义理与践履处融会，方是自得。（黎靖德《朱子语类》）

事件结构存在下面两种情况。

第一种情况："动词1+过₁"与"动词2"两个子事件在时间上存在先后，在句法上常有"一""便"，"动词1+过₁+动词2"整体常表示一种假设条件，语句中常有一些语气副词如例（18）"须"、连词如例（23）"若"，后续语句常是对前一小句事件（"动词1+过₁+动词2"）的评说，如例（18）"方是理通"是对"看文字须是一看过领得"的评说，但有时也是对"动词1+过₁+动词2"的补充说明，如例（25）"看文字，不可恁地看过便道了"，这是对某一事件的否定，如何去做？"须是时复玩味……方是自得。"吴福祥（2004）指出"过"用在动词后表示某种动作的完结（完成、结束），但这种"完结"的语义只是对动作在时间进程中所处状态的表达，与句子所叙事件是否已然没有必然联系。"V过"可以是相对于说话时刻实际完成、结束了的动作，但更多的是一种未然或虚拟的动作"完结"。可见，"过"表达的"完结"跟"了"表示的"完成/实现"一样，与事件发生的时态无关。笔者发现，在《朱子语类》中，"过₁"出现的语境一般不是历史事件，而是讲述道理，在语句中，前一小句或后一小句中常有"若""须""应"等表示假设条件的词语。

有时"动词+过₁"常常有后续小句，也表示对"动词+过₁"小句语义的评说，有时在"动词+过₁"小句中也有表假设性的词语。

（26）《诗》，如今恁地注解了，自是分晓，易理会。但须是沉潜讽诵，玩味义理，咀嚼滋味，方有所益。若是草草看过，一部《诗》只两三日可了，但不得滋味，也记不得，全不济事。（黎靖德《朱子语类》）

（27）纵饶熟看过，心里思量过，也不如读。读来读去，少间晓不得底，自然晓得；已晓得者，越有滋味。（黎靖德《朱子语类》）

第二种情况："动词1+过₁"与"动词2"两个子事件在时间上也存在先后，"动词2"是前景信息，是"动词1+过₁"事件后的结果，在"动词2"前有肯定语气副词"必"或转折语气副词"却"。如例（22）"物之甘者，吃过必酸；苦者吃过却甘。茶本苦物，吃过却甘"。语气副词常为言语焦点标记，常带有说话者"自我"主观色彩，在这种简短口语体的紧缩结构中，"V过₁必/却 X"较"V+过₁"中"过₁"的语法化层次要高。

3. 动词+过₁+了

（28）若只恁地等闲看过了，有甚么滋味！（黎靖德《朱子语类》）（王世群，2011）

（29）浩作卷子，疏已上条目为问。先生逐一说过了，浩乞逐段下疏数语，先生曰……（黎靖德《朱子语类》）

"过₁"与"了"共现，杨永龙（2001b）认为"过₁"和"了"共现，总是"过₁"在前，"了"在后，未见有"了"先于"过₁"的情形，直到现代汉语仍是如此。这说明"过₁"仍是补语性质,其虚化程度没有"了"高。吴福祥(2004)指出表"完结"的"过"因为源自结果补语,所以多少保留了一点补语的句法属性,一个明显的迹象是"过"后面可以带助词"了"。

4. 动词+过₁+一下/一遍/一番

(30)"……曾打著一两个乱与底,声钟集众,勘过一下下,交到所在。……"(《古尊宿语要》)

(31)圣人言语,岂可以言语解过一遍便休了!须是实体于身,灼然行得,方是读书。(黎靖德《朱子语类》)

(32)然他这个人终是不好底人,圣人待得重理会过一番,他许多不好又只在,所以终于不可去。(黎靖德《朱子语类》)

(33)看道理,若只恁地说过一遍便了,则都不济事。须是常常把来思量始得。看过了后,无时无候,又把起来思量一遍。(黎靖德《朱子语类》)

"一下""一遍""一番"为数量短语,在句法上作"动词+过₁"的补语,表示事件完成的次数,如"圣人言语,岂可以言语解过一遍便休了"中"一遍"是说"以言语解过"的次数,做一遍"便休了"是不可以的。

5. 动词+宾语+过₁

(34)时太子尚幼,八大王元俨者,颇有威名,问疾留禁中,累日不出,执政患之。偶翰林司以金盂贮熟水过。问之,曰:"王所需也"。(罗大经《鹤林玉露》)

(35)讲论自是讲论,须是将来自体验。说一段过,又一段,何补?(黎靖德《朱子语类》)

6. 动词+宾语+过₁+了

(36)王公分付小二过了,一连暖五斗酒,放在桌上。(《古今小说》)(王世群,2011)

7. 动词+一番+过₁+了

（37）如今读书，恁地读一番过了，须是常常将心下温过，所以孔子说"学而时习之"。（黎靖德《朱子语类》）

"动词+宾语+过₁"、"动词+宾语+过₁+了"和"动词+一番+过₁+了"结构中，"过₁"与核心动词之间距离较远，中间有宾语和补语，这些结构使用频率也不高。"过₁"在此三种结构中语义上虽表完成义，但相对于"动词+过₁"或"动词+过₁+宾语"的"过"语法化等级较低。

8. 动词+过₁+宾语

（38）吞过百千栗棘蓬，嚼破百千铁酸馅。（《续古尊宿语要》）（曹广顺，1995）

（39）为不合使过父母钱物，赶逐在外，无可奈何。（《夷坚志》）

（40）府尹叠成文案，奏过朝廷。（《错斩崔宁》）（王世群，2011）

（41）即时问成死罪，奏过官里。（《错斩崔宁》）（王世群，2011）

（42）问："以诗观之，虽千百载之远，人之情伪只此而已，更无两般。"曰："以某看来，须是别换过天地，方别换一样人情。"（黎靖德《朱子语类》）

"动词+过₁+宾语"在唐宋时期出现得极少，笔者在《朱子语类》中也发现了几例。

（43）又曰："'考文'者，古者人不甚识字，字易得差，所以每岁一番，使大行人之属巡行天下，考过这字是正与不正。这般事有十来件，每岁如此考过，都匝了，则三岁天子又自巡狩一番。须看它这般做作处。"（黎靖德《朱子语类》）

（44）某之《易》简略者，当时只是略搭记。兼文义，伊川及诸儒皆已说了，某只就语脉中略牵过这意思。（黎靖德《朱子语类》）

（45）味道举十月无阳。曰："十月坤卦，皆纯阴。自交过十月节气固是纯阴，然潜阳在地下已旋生起来了。……"（黎靖德《朱子语类》）

9. 动词+过$_1$+（了）+底+NP

（46）"践迹"，迹是旧迹，前人所做过了底样子，是成法也。（黎靖德《朱子语类》）

（47）而今只是那一般合看过底文字也未看，何况其他！（黎靖德《朱子语类》）

"动词+过$_1$"在句法上是定语成分，杨永龙（2001b）认为例（47）用"未看"来否定"看过"，说明"过"的虚化程度已经比较高了。

综上语例，出现的动词有"看""蒸""煮""带""提""见""葬""停""数""译""尝""问""秤""发""奏""阅""读""吃""说""思量""勘""解""理会""贮""分付""温""吞""使""换""考""牵""交""做"共计33个，"见""葬""停""换""交"为非持续性动词，其他为持续性动词。这些动词中出现次数最多的是言说类动词"提""问""奏""分付""说"。对某物进行某种操作类的动词有"蒸""煮""贮"，视觉感官动词有"看""读"，肢体动作动词有"数""秤"，解语类动词有"解""理会"，吃类动词有"吃""吞"，其他动词有"带""见""葬""停""译""阅""温""换""考""交""做"。

第三节 完成体"过$_1$"的成熟阶段

元代是"过$_1$"语法化的成熟期，蒋绍愚、曹广顺（2005）认为元代以后，"过"的发展就比较成熟了，"过$_1$""过$_2$"的"动词+过"和"动词+过+宾语"都开始较多地使用。

元代"过$_1$"语料很多，择其要者，归类如下。

1. 动词+过$_1$

（1）以龙脑浸水，或至宝丹，或橄榄，皆可解。后得一方，用槐花微炒过，与干燕支各等分，同捣粉，水调灌，大妙。（陶宗仪《南村辍耕录·食物相反》）

(2) 每岁仲冬,有司具牲馔祭毕,然后采摘,金鼓仪卫迎入公廨,差点医工,以刀逐个劙去青皮,石灰汤焯过,入熬熟。(陶宗仪《南村辍耕录·金果》)

(3) 然后胶漆布之,方加粗灰。灰乃砖瓦捣屑筛过,分粗、中、细是也,胶漆调和,令稀稠得所。(陶宗仪《南村辍耕录·髹器》)

(4) 已上拟八拜,宣徽院奏过,依旧例十二拜。(《金史·志第十四》)

(5) 这一宗文卷,我为头看过,压在文卷底下,怎生又在这上头?这几时问结了的,还压在底下,我别看一宗文卷波。(关汉卿《杂剧·感天动地窦娥冤》)

(6) 结义过,就如嫡亲一般了。(徐畋《杀狗记》)

(7) 白文印皆用汉篆,平正方直,字不可圆。纵有斜笔,亦当取巧写过。(陶宗仪《南村辍耕录·印章制度》)

(8) 怕你不放心,待我再去与他说过。(关汉卿《杂剧·钱大尹智宠谢天香》)

(9) 我则道犯着老夫讳字,不想他将韵脚改过。老夫甚爱其才,随即乐案里除了名字,娶在我宅中为姬妾。(关汉卿《杂剧·钱大尹智宠谢天香》)

(10) 自误肉肥甘酒韵美,多一口便伤食。家传一瓮淡黄齑,吃过后须回味。(曾瑞《中吕·快活三过朝天子》)

(11) 班首右阶上殿奏表目进奉。诸道进奉,教坊进奉过讫,赞进奉收。班首舞蹈,五拜,鞠躬。(《辽史》)

例(1)至例(3)"过₁"的用法与宋相同,语句表述都是制作物品的先后工序,例(8)"过₁"小句有"待"表示此事件未发生,"再"表示事件重复发生,常用于未然事件,"过₁"表示"说"的完成。例(9)"过₁"位于把字句结构中,"将韵脚改过","过"表示"改韵脚"事件的实现、完成。例(11)"进奉过"后有表完成的完成动词"讫"。

2. 动词+过₁+了

(12) 留下在这里,待审过了,发批回去。(李行甫《杂剧·包待

制智赚灰阑记》）

（13）贤弟不知，乐户们一经责罚过了，便是受罪之人，做不得士人妻妾。（关汉卿《杂剧·杜蕊娘智赏金线池》）

例（12）"审过"后有"了"也表示完成，前有"待"表示事件的未然性。例（13）"责罚过"事件处于"一事件A，便事件B"结构中。

3. 动词+过$_1$+（了）+宾语

元代"动词+过+（了）+宾语"结构的语例出现次数要比唐宋时期多很多，从语义角度来讲，宾语也有不同类型。

a. 宾语为指人受事

（14）我是相国的小姐，谁敢将这简帖来戏弄我，我几曾惯看这等东西？告过夫人，打下你个小贱人下截来。（王实甫《西厢记》）

（15）今差守将黄文，先设下三计，启过主公，说关公韬略过人，有兼并之心，且居国之上游，不如索取荆州。（关汉卿《杂剧·关大王独赴单刀会》）

（16）你先去启过主公，说我这一计要孙、刘结亲，暗取荆州。（《杂剧·两军师隔江斗智》）

（17）谁想杨衙内为我娶了谭记儿，挟着仇恨，朦胧奏过圣人，要标取我的首级。（关汉卿《杂剧·望江亭中秋切鲙》）

（18）我禀过父亲，那时与你成亲也不迟。（施惠《拜月亭记》）

（19）老僧为唐僧西游，奏过玉帝，差十方保官，都聚于海外蓬莱三岛。（杨景贤《杂剧·西游记》）

（20）爹爹放心。到明日我先见过了主公。和那满朝的卿相。亲自杀那贼去。（纪君祥《杂剧·赵氏孤儿大报仇》）

（21）小官今早谢过了齐王，止有中大夫邹衍尚未面别，闻知他在驿亭待客，不若就彼处告辞。（高文秀《杂剧·须贾大夫谇范叔》）

（22）俺适才已禀过魏相了，同去见来。（高文秀《杂剧·须贾大夫谇范叔》）

（23）小姐着我寄书与朱郎，朱郎今夜来赴期也，我已回过小姐了。安排下香桌儿，月儿上时，请小姐烧夜香。（杨景贤《杂剧·西游记》）

受事宾语所指之人多是有一定社会地位的人，"夫人""主公""圣人"①"父亲""玉帝""齐王""魏相""小姐"，在文本中对说话者而言是须尊敬的上级层面的人。从动词类型来看，"告""启""奏""禀""回"为言说类动词，语义上是下级对上级言说某事。

b. 宾语为处所宾语

（24）今有温学士亲事一节，老夫奏过官里，特设一宴。（关汉卿《杂剧·温太真玉镜台》）

（25）既然夫人一心依随学士。老夫即当奏过官里。再准备一个庆喜的筵席。（关汉卿《杂剧·温太真玉镜台》）

（26）为老夫年高，奏过官里，教孩儿少俊承宣驰驿，代某前去。（白朴《杂剧·裴少俊墙头马上》）

（27）今早坐过衙门，别无勾当，且在这前厅上闲坐片时，休将那段愁怀使我夫人知道。（关汉卿《杂剧·望江亭中秋切鲙》）

（28）等他坐过了床，还要出堂行礼，见你爹爹哩。（王晔《杂剧·桃花女破法嫁周公》）

宾语为处所宾语的语例相对较少，例（24）至例（26）中"官里"指官府里，在此代指皇上。如"自家六宫大使王安，奉官里圣旨、皇后懿旨，赍三般朝典"（狄君厚《杂剧·晋文公火烧介子推》）、"如今天色渐明，正是早朝时分，官里升殿，怕有百官奏事，只得在此祗候"（高明《琵琶记》）。"奏过官里"意为"禀奏过皇帝"。例（27）、例（28）"过₁"前动词为"坐"，"衙门""床"为"坐"的处所，这样的语例很少。

c. 宾语为其他受事宾语

（29）夜来老夫人说，着红娘来请我，却怎生不见来？我打扮着等他。皂角也使过两个也，水也换了两桶也，乌纱帽擦得光挣挣的。（王实甫《西厢记》）

（30）今日且饮过小生这一席，来日同赴盛宴，务要吹弹歌舞，

---

① 君主时代对帝王的尊称。

开怀畅饮也。(乔吉《杂剧·杜牧之诗酒扬州梦》)

(31) 则我这行色匆匆去意紧,饮过这饯祖香醪杯数巡。(李文蔚《杂剧·张子房圯桥进履》)

(32) 我也收拾过铺面,专等三日之后,送满堂娇孩儿来家。(康进之《杂剧·梁山泊李逵负荆》)

(33) 从今改过行业,要得灭罪修因。(关汉卿《杂剧·感天动地窦娥冤》)

(34) 他拣定这黑道的凶辰,(带云)我将这净席呵,(唱)与他换过了黄道的吉日。(王晔《杂剧·桃花女破法嫁周公》)

(35) 前日我算过二十年用度与你,怎生便这般穷了来。(石君宝《杂剧·李亚仙花酒曲江池》)

(36) 便做道审得情真,奏过圣旨,止不过是一人处死。须断不了王家宗祀,那里便灭门绝户了俺一家儿。(关汉卿《杂剧·包待制三勘蝴蝶梦》)

(37) 今日是八月十五日,中秋节令,适才叔父赐过酒宴,已散了也。(李直夫《杂剧·张天师断风花雪月》)

(38) 今日清蚤起来,先拜过了家堂,辞别了父亲,着他不要送我上车去,避过了他那恶煞。(王晔《杂剧·桃花女破法嫁周公》)

(39) 凡做媒时节,先把新人新郎称过相似,方与说亲。(高明《琵琶记》)

(40) 亏了包待制大人,收留俺兄妹二人,教训成人。今应过举得了头名状元。(关汉卿《杂剧·包待制智斩鲁斋郎》)

例(29)至例(35)"过₁"前动词具有处置性。例(29)"使"皂角,致使两个皂角消失,另外"皂角也使过两个也"与"水也换了两桶也"两个小句构造相同,为平行句式,"也"在句中表列举,"过₁"与"了"共现,皆表示"完成",语法地位相同;例(30)、例(31)"饮过"致使酒、饭消失;例(32)"收拾过"铺面,致使铺面干净;例(33)"改过"行业,致使"行业"变化;例(34)与他"换过"吉日,致使"黑道的凶辰"发生转变,变为"黄道的吉日";例(35)"算过"而出现结果，"二十年用度与你"。例（40）"应举"指参加科举考试，"过₁"位于两字之间表"完成"，结果"得了头名状元"。

李讷、石毓智（1997）根据汉语动补结构中动词、补语和宾语之间的相互制约关系，说明了汉语体标记经历的共同的形态化过程。从动补结构演化的外部条件和体标记由普通动词虚化的内部发展，去解释"了""着""过"在宋元时期演化为体标记的原因。认为宋代指动补语"过"后严格限制宾语出现。至元、明时期，指动的"过"后带宾语的现象才逐渐普遍起来，说明"过"在元明时期才真正成为一个体标记，并做出解释，当"过"在唐代发展出指动补语的用法时，由于受动、宾、补三者之间语义和语序限制，宾语不能出现其后。从唐至元四五百年的时间内，在"动词+过"的句法环境中，"过"逐渐失去自己独立的词语身份，与动词形成一个句法单位，到元代虚化成一个体标记，而后就可以自由带宾语了。李讷、石毓智关于"过"的分析有其合理性，表"完成/结果"作补语成分的"过"在"动词+过"结构中，随着长时间的运用，"过"的语义发生了消损。但是并没有与动词形成一个句法单位，仍然作为一个独立的词存在。语法化是一个语言单位逐渐虚化的过程，"过"作为非位移性动词的补充成分、表示动词事件完成时就已经处于语法化的过程中了，必然有语法化的开始、发展与成熟阶段，而"过"成熟阶段的标志是"动词+过+宾语"结构的大量运用。

4. 动词+过₁+数量短语

（41）哥哥不可，已死过许多时，则怕尸气扑着你也。（宫天挺《杂剧·死生交范张鸡黍》）

（42）你认的是俺父亲老杨，如今死过多年了。（谷子敬《杂剧·吕洞宾三度城南柳》）

（43）茶供过三两巡，涎割到五六桶。（顾德润《点绛唇·四友争春》）

例（41）、例（42）"过"前为非持续性动词"死"，时量补语"许多时""多年"为"死"事件发生后的时间，在"非持续性动词+过₁+时量补语"这种结构中的"过₁"要比"皂角也使过两个也"动宾结构中的"过₁"语法化程度要高,因为动宾结构中"过₁"有时还可分析出其完成义。

5. 动词+数量短语+过₁

(44) 我那哥哥!大喊一声过,唬得人獐狂鼠窜。那里去了,哥哥!怎生撇下了我?教我无处安身,无门路可躲。我那哥哥!(施惠《幽闺记》)

例(44)"大喊一声过"意为"大喊了一声",这个事件发生后,造成"唬得人獐狂鼠窜"。

明清时代动词与"过₁"的组合,比元代以前的语料在数量上增加了很多,组合的结构也比以前复杂。

目前,明代语料有关"过₁"的研究成果如下。

巢颖(2005)指出《三遂平妖传》中"过₁"出现13次,其中"动词+过₁+宾语"出现6次、"动词+过₁"出现7次。李妍(2006)统计《金瓶梅》中"过₁"有49例,与之搭配的动词共计23个,动词全部属于活动情状。谢晓晖(2010)指出《西游记》中"V+过₁"共3例、"V+过₁+O"共26例、"V+过₁+了+O"共10例。笔者统计《初刻拍案惊奇》"过₁"共出现109次,其中"动词+过₁"出现了31次、"动词+过₁+宾语"出现了29次、"动词+过₁+了+宾语"出现12次、"动词+过₁+了"出现28次、"动词+宾语+过₁+了"出现1次、"动词+过₁+宾语+了"出现4次、"动词+过₁+时间词语+了"出现2次、"动词+过₁+了+数量短语"出现1次、"动词+宾语+过₁"出现1次。明代也不是所有文学作品"过₁"出现的频率都很高,如《八仙出处东游记》《玉堂丛语》《北游记》中"过₁"都只出现1次,《老乞大》《朴通事》中没有出现"过₁"(王森,1991)。

清代语料有关"过₁"的研究成果如下。

李守江(2008)统计,动态助词"过"在《儿女英雄传》中运用了374次,其中"过₁"用了193次。魏娜娜(2014)指出《长生殿》中"过₁"共出现17例,用在"V+过"和"V+O+过"结构中。王淇(2014)统计《儒林外史》中"过₁"出现328例,"过₁"的语法格式主要有"动+过""动+过+宾""动+过+了+宾""动+过+了""动+过+动"5种,其中

"动+过"有54例、"动+过+宾"有158例、"动+过+了+宾"有52例、"动+过+了"有19例、"动+过+动"有45例,可见"动+过+宾"占有很大的比例,在"过₁"中占有很重要的地位。

明清时代,与"过₁"组合的动词逐渐增多,所组合结构表达的事件也更加生活化。在《官场现形记》中与"过₁"组合的动词共有89个,情况复杂,类型较多。

a. 吃喝类动词

吃(烟、饭、咖啡、牌九、药)68次、喝(茶、酒)4次、打尖1次。

b. 言说类动词

说11次、回(回禀)21次、问27次、讲2次、喊2次、谈1次、表(当"说"讲)2次、告1次、道(当"说"讲)1次、交代7次、禀9次、奉告1次、禀报2次、打听1次、催2次、吩咐1次、商量1次。

c. "看"义类动词

看43次、见21次、见面4次、瞧4次。

d. 问候道别类动词

请安4次、磕头2次、行礼2次、拜(拜见、拜访)12次、送(客人)12次、送(物)4次、谢(感谢)26次、别(分别)4次、辞2次。

e. 致使类动词

打发2次、请(邀请)1次、调1次、委1次。

f. 其他

打(钟点、牌九、合同)11次、敲(钟点)1次、洗4次、洗澡1次、来7次、做8次、验(尸首、文书、人)6次、唱2次、听4次、点(清点物品、点名)4次、笑1次、还价1次、查4次、扰3次、签字5次、请教3次、揩2次、付(钱)4次、上(饭)1次、散2次、散席1次、拿1次、写3次、请(客)2次、吃亏1次、叫局1次、交1次、搜1次、具结1次、放炮1次、发(电报)1次、豁拳1次、烂1次、横(名词用作动词)1次、画2次、出1次、了结1次、灌1次、换1次、还1次、将息1次、透风1次、勘1次、批1次、碰头1次、让1次、擦1次、杀1次、删汰1次、奉1次、署1次、碰(钉子)1次、下(十场)1次。

其中"见""见面""拜""别""辞""打发""签字""上(饭)"

47

"散""散席""了结""还""碰头"等为非持续性动词。绝大部分动词具有可控性，但也有变化性动词，如"烂"。

（45）跌坏的虽是骨头，那骨头四面的肉就因此血不流通。血不流通，这肉岂不是同死的一样。将来一点点都要烂的。烂过之后，还得上药，然后去腐生新。

"烂"是动词，肉"烂"是不可控的。
有的为名词临时用作动词。

（46）还是稿案有主意，叫他横过一横之后，一竖只写一半，不要头透。

第一个"横"字是写横这个笔画，故用作动词，第二个"横"为名词。

我们也可以看到"过$_1$"可以用在离合词中，总结离合词，见面、请安、磕头、打尖、洗澡、还价、签字、散席、吃亏、叫局、具结、豁拳、行礼、碰头、透风共15个。

除了以前出现过的结构外，"过$_1$"的组合结构明清时也有自己的特点，以《官场现形记》中的"过$_1$"为例。

其一，在前后文语境中有较多表事件时间先后的词语，如"以后""先""之后""前后"等。

（47）戴大老爷自从在周老爷面上摆了一会老前辈，就碰了这们一个钉子，吃过这一转亏，以后便事事留心。
（48）下车进去，新嫂嫂先交代过本家，喊了一台下去。
（49）喊过之后，拔起脚来就跑，又赶到前面伺候去了。
（50）只见饶守穿着蟒袍补褂，带领着这位游学的儿子，亦穿着靴帽袍套，望空设了祖先的牌位，点了香烛，他父子二人前后拜过，禀告祖先。

"过₁"表示完成一事件,再进行另一事件,在时间上会存在一定的先后顺序,在语言上体现为表示时间先后的词。

其二,出现表示当下时间或短时的时间词语,如"当下""登时""立时""霎时""刚才"。

(51) 当下吃过中饭,陶子尧仍旧回到局里。
(52) 胡大人看过,登时吓得面孔如白纸一般。
(53) 一天舒军门押解来京,一直送交刑部,照例审过一堂,立时将他收禁。
(54) 霎时亮过三摊。黄三溜子又把宝盆摇了三摇,等人来押。
(55) 戴升便回:"绿呢轿子可巧今天饭后送来,家人刚才看过历本,明天上好的日子,老爷好坐着上院。"

这些具有表示当下时间的词语的语句,常展现为某一事件结束,紧接着出现另一事件,"登时""立时""霎时"为时间短量词语,说明两个事件之间在时间上相距很短。例(55)"刚才"完成某一事件,即"看过历本",其时间参照点为"现在","明天上好的日子,老爷好坐着上院"是"看过历本"之后得出的判断,相距时间较近。

其三,前后语句中连用几个表"完成"的助词或动结式结构。

(56) 到了栈房,喝过茶,洗过脸,开饭吃过。
(57) 见了抚院,磕过头,请过安。
(58) 吃过了酒,送过了客,独有魏翩仞不走。
(59) 首县去不多时,回来禀称:"人已拿到,并且问过一堂。"
(60) 黄道台看完,便重新谢过护院,说了些感激的话,辞了出来。

例(56)、例(57)连用"了₁"和"过₁",例(58)"过₁"后有"了₁",例(59)前一事件为动结式结构,例(60)"完""过₁""了₁"共现。表示事件完成的动词或动态助词有很多,"动词+完成义动词"和"动词+完成体助词"皆可表示完成的事件,当这些事件在时间上先后出现时,便会

49

出现例（56）到例（60）这样的语句，其中"过₁""了₁"为完成体，"完"为完成义动词，在句中做补充成分。

其四，语句中有"又""再"。

（61）谁知等到他到了船上见了洋提督，呈上书信，洋提督看过一遍，又看第二遍，看来看去，竟有大半不懂，忙问他："信写的什么？"

（62）那抚院吃过晚饭，州官又上手本禀安，巡捕下来说了声道乏。

（63）黄三溜子只顾推他的，一连又吃过七八条，弄得他非凡得意。

（64）王道台无奈，只好请了他来当面问过，看是如何，再作道理。

（65）你在他手下办事，只可以独断独行，倘若都要请教过他再做，那是一百年也不会成功的。

吕叔湘（1999）指出"一句之内，'又'前后重复同一动词，表示反复多次。""两小句动词不同，后句用'又'，表示两个动作先后相继。"例（61）"过₁"表示"看一遍"完成，后一小句"又"表示重复该完成事件；例（62）"过₁"表示"吃晚饭"这一事件完成，"又"引出相继事件"上手本禀安"；例（63）"过₁"这一小句中，"又"相承前文"一连吃了三条"，"过₁"表示"吃七八条"这一事件的发生，"一连"表示动作连续不断或情况连续发生。例（64）、例（65）结构为"动词+过₁……再……"，吕叔湘认为"再"表示一个动作将要在某一情况下出现。刘月华、潘文娱、故韡（2004）认为"再"表示动作行为"后延"，即表示某一动作现在还不想或不计划进行，往往是等到做完另一件事以后进行。例（64）、例（65）由于"再"未然的语法功能，"动词+过₁"这一完成事件还未发生，例（64）为先不计划某一行为，等"当面问"这一事件完成后再决定如何进行。例（65）"过₁"子事件和"再"引导的子事件相继进行，两子事件位于假设框架"倘若A那B"中，为未然态。

其五，"过₁"小句前有"等"。

（66）等他老人家送过客，过了瘾，再上去不迟。

（67）等到散过台面，一定要同到他家去坐。

(68) 等他见过出去之后,当天就叫差官拿片子到他栈房里去谢步,并且约他次日吃饭。

"等"某一事件完成后,再去做其他事件,两个事件在时间上有先后关系,后一事件可能未发生,如例(66)、例(67),为言语者做出的某种决定;后一事件也可能已发生,如例(68)。

第四节 完成体"过₁"的衰落阶段

现当代"过₁"呈现逐渐衰落的趋势。说其衰落,并不是说"过₁"在现代汉语中不使用了,而是相对于明清时期而言,相对于"对₂"的使用而言的。为了详细说明"过₁"使用的情况,笔者将部分文献中"过₁"出现的频率和与"过₁"组合的动词情况列示如下(见表2-3)。

表2-3　部分文献中"过₁"出现的频率和与"过₁"组合的动词情况

文献名	成书时间	字数(万)	"过₁"出现的频率(次)	与"过₁"组合的动词(个)
《官场现形记》	1903~1905年	54.0	421	89
《阿Q正传》	1921~1922年	2.5	4	3
《家》	1931年	23.0	51	35
《骆驼祥子》	1936年	13.5	12	9
《活动变人形》	1986年	20.0	20	19
《空中小姐》	1984年	29.0	1	1
《玉观音》	2000年	17.0	5	3

从表2-3可以看出"过₁"出现频率呈现下降的趋势。

从《官场现形记》中可以看出,"过₁"在日常生活中是较为常用的,体现在与"过₁"组合的动词高频出现。这些动词中使用次数最多的是"吃",共68次,人们使用语言存在某种惯性,所以"吃过了""吃过饭"存在很长时间,不过目前,这两种说法正逐渐被"吃完饭""吃完了"所替代,其他动词所代表的社会现象正在消失,"谢过""拜过""见过"或已词汇化,见于与古代相关的小说中,或者有些动词又重新与其他完成动词相组合了。当然,在汉语方言中,"过₁"还是经常使用的。

第五节 某些语料考察的说明

在各个时代的文献中,有些语料结构相同或相似,但与"过"的语法化无关,需对其进行说明。

一 汉代某些语料说明

与动词组合的动词"过",有的不表示"经过",而表示"拜访""看望"。其特点是"动词+过"后的词语是人的名字。如:

(1) 会犊子牵一黄犊来过,都女悦之,遂留相奉侍。都女随犊子出取桃李,一宿而返,皆连兜甘美。(《列仙传·犊子》)

(2) 会贤大夫少府赵禹来过卫将军,将军呼所举舍人以示赵禹。(《史记·田叔列传》)

(3) 久之,上出过临候伯,伯惶恐,起眂事。(《汉书·叙传第七十上》)

例(1)、例(2)中与"过"组合的动词是趋向动词"来","过"表示"看望",例(3)的意思是皇上出宫去拜访候伯。组合结构上虽然是连动结构,但与"过"的语法化无关。

二 魏晋南北朝某些语料说明

(一) 见+过

(4) 狱将决竟,崇疑而停之。密遣二人非州内所识者,为从外来,诣庆宾告曰:"仆住在此州,去此三百。比有一人见过寄宿,夜中共语,疑其有异,便即诘问,迹其由绪。……"(《魏书·列传第五十四》)

例(4)中的"见过"与现代汉语"有一个人见过他"的"见过"是

不同的，与"时钱塘王洪擅词垣，与同官，一见过相推重"（《玉堂丛语》）中的"见+过₁"也是不同的，在此，"见过"是"见访"义。

（二）谢+过

（5）或闻有鞭杖声，而或地上见血，莫测其端也教珍守一行气、存神先生、三纲六纪、谢过上古之法，不知珍能得仙名耳。根后入鸡头山中仙去矣。（《神仙传·刘根》）

《神仙传校释》云："谢过上名，道家斋戒仪式。"《云笈七签》卷三七称所列六种斋为"谢过禳灾致福之斋"。《无上秘要》卷九《众圣会议品》引《洞玄元始五老赤书玉篇经》云，道家"以为烧香行道，执斋奉戒，则为三官九府所保。列言善功，削除罪简，上名三天，神明卫护，千灾不干"。四库本"古"乃"名"之讹。《太平广记白话译文》："后来刘根教给王珍专一运气守神的方法，坚守三纲五纪的规范，以及谢过上名的方法。刘根后来进入鸡头山成仙而去。"《元始天尊说变化空洞妙经》："诸行道存思期真，上希飞腾，散降罪籍，上名金简，皆当服符行事。"可见，"谢过"当"谢罪"讲是对的。

"谢过"这个结构从汉代到清代一直都有，清代如《聊斋志异》："公夜坐，有女子往来灯下，初谓是家人妇，未遑顾瞻，及举目，竟不相识，而容光艳绝。心知其狐，而爱好之，遽呼之来。女停履笑曰：'厉声加人，谁是汝婢媪耶？'朱笑而起，曳坐谢过。"木霁弘（1989）认为在魏晋南北朝"谢过"中的"过"表完成，卢烈红（1998）在《〈古尊宿语要〉代词助词研究》中指出"过"字表"罪"或"过错"，笔者认为"谢过"中的"过"表示"过错"，可以举一些例子证明它，如"乃且愿变心易虑，割地谢前过以事秦"（《史记·张仪列传》），"过"前有修饰语，还有"琛乃自往市酒脯作祭，将谢前日之过，神终不悦也"（戴孚《广异记》）。

三 唐代某些语料说明

（一）见+过

（6）萧云：老叟悬车之所，久绝人事，何期君子迂道见过。（戴

孚《广异记·李参军》）

（7）廿四日，天阴，发，从山谷西北行廿五里，见过一羊客驱五百许羊。（圆仁《入唐求法巡礼行记》）

（8）觊惊而退，遇李札。札曰："侍御今日见过乎？已为地矣。"觊曰："吾大误耳，但知求好婿，都不思其姓氏！"札大惊，惋恨之。（李昉《太平广记》卷二四二《李觊》）

（9）今卒如爱丝之说，受责见过，方复欲更窥朝廷，觖望万分，窃不为左右取也。（《梁书·列传第三十一》）

例（6）的"见过"当为拜访、探望义，"君子远道来探望我"的语义承载者是"过"。例（7）断句当为"见/过一羊客驱五百许羊"。句意为"看见过来一个羊客赶着五百多只羊"。例（8）的"见过"当为"见到"，"札曰：'侍御今日见过乎？已为地矣。'"李侍御你今天见过他了吗？你已经替我说通了吧。"过"当为"过₁"，"见过侍御"犹言"见完侍御"。例（9）的"见过"与前三个语句中的不同，"受责见过"，"过"意为"责"，"见"与"受"相同。

（二）亡+过

《入唐求法巡礼行记》中有两个"亡过"：

（10）院僧茶语云："日本国灵仙三藏昔住此院三年，其后移向七佛教诫院亡过。"

（11）乃云"灵仙三藏先曾多在铁勤兰若及七佛教诫院。后来此寺，住浴室院。被人药杀，中毒而亡过。弟子等埋殡，未知何处"，云云。

敦煌变文中有五个"亡过"：

（12）一生多造福田因，亡过合生此天上。（大目乾连冥间救母变文）

（13）据其行事在人间，亡过合生于净土。（大目乾连冥间救母

变文）

（14）哀哀慈母号青提，亡过魂灵落于此。（大目乾连冥间救母变文）

（15）贫道阿娘亡过后，魂神一往落阿鼻。（大目乾连冥间救母变文）

（16）亡过魂灵生净土，宝池岸侧弄金沙。（佛说阿弥陀经讲经文）

杨永龙（2001b）在《〈朱子语类〉完成体研究》一书中指出"亡过"可理解为死过了，把"过"看作"过₁"，但更有可能是一个复合词，"过"在单用时可以指死去，如曹植《赠白马王彪》之五："存者忽复过，亡没身自衰。""亡"《汉语大词典》释为"过世、去世"。后世也有"亡过"成词的例子："后来父母亡过，那徽州木匠也年老归乡，张权便顶着这店。"（《醒世恒言》）"滴血享祭秦明、阮小五、郁保四、孙二娘并打清溪亡过众将。"（《水浒传》）这些例子中"过"显然不是助词。敦煌变文中的"亡过"也可能如此。

第三章 "过$_1$"的语法化动因及机制

对完成体"过"产生的原因进行论述的学者不多,大多数学者论述的是"过"的语法化状态,认为"过$_1$"是作补语的"过"的进一步虚化。王娇(2008)认为"过"作趋向补语是它虚化为动态助词的前奏,当前面的动词由含位移义素的动词扩展到不含位移义素的动词时,当"过"字本身由强调趋向、强调从起点到终点的位移过程转化为强调结果、强调动作终止后的状态时,动态助词"过"就诞生了。杨永龙(2001b)对"过$_1$"产生的动态过程分析较为详细:从自移性动词("飞"类),到使移性动词("掷"类),再到非位移动词("看"类),位移义越来越弱,构成了一个渐变序列。与此同时,与之组合的"过"的位移义也随之逐渐减弱,从说明主动者(施事)位移,到说明被动者(受事)位移,进而不再表明人或事物在空间域中位置的移动,转而说明动作行为在时间域中移向过去。当"V过"中的V由"掷"类动词扩展到"看"类动词,"过"由指向受事转到兼指受事和动作时,"过$_{01}$"便出现了;当"过"不再指向受事而仅仅指向动作的时候,表示动作完成的"过$_1$"便应运而生。笔者将在杨永龙的基础上进一步解释与补充。

刘坚、曹广顺、吴福祥(1995)在《论诱发汉语词汇语法化的若干因素》一文中提到"句法位置的改变""词义变化""语境影响""重新分析"四个诱发汉语词汇语法化的因素。陈宝勤(2011)在《汉语词汇的生成与演化》中"词汇语法化之内因"部分谈到,从语言的内在因素上看,语位、语音、语义、语法、语用诸方面因素促使汉语词汇语法化。他指出,语位,即词在句子线性结构与语法结构中所处的位置。汉语词汇语法化都是在句子特定的语位上发生的,语位是推动词汇语法化的首要因素。在句子语法结构上,位于补语位置的动词,容易语法化为时态助词。如动态助词"了""着""过"就是由位于补语位置上的动词语法化而来的。

陈还指出汉语词汇语法化均是在具体语法结构中发生的，语法结构是推动词汇语法化的重要因素。一般居于动补结构补语位置上动作性弱的动词容易语法化为动态助词。一般来说，两个动词不能都是句子的主要动词，所以人们在认识这两个主要动作的时候往往倾向于把其中一个动作看成主要的，而把另一个动作当作背景信息来修饰主要动词，这样一来，往往会有一个动词退居次要地位，久而久之退居次要地位的那个动词的词性就会减弱。当一个动词经常在句子中处于次要地位，而且它的这种句法位置被固定下来之后，其词义就会慢慢抽象化、虚化，发展下去，这个词就会变成主要动词的修饰成分或补充成分，这样其语法功能就发生了变化。其词义的进一步虚化导致了语法化。我们肯定句法位置对"过"产生的影响，从上文分析的语料中我们可以看到"过"产生的语法化路径，"动词+过"结构从历时的角度看经历了连动、动补、"动词+过"三种状态，但这不是说，"过₁"就是连动、动补结构直接语法化的结果，有很多动词也跟"过"一样处在两种结构相同的位置上，但没有语法化。也就是说，句法位置不是"过"语法化的直接动因。

语法化主要指词汇由实到虚的演化，为此我们需要研究最初的"过₁"是怎样形成的，关键点在于考察魏晋南北朝至隋唐的语料。从认知的角度来讲，"过₁"的形成主要有两种动因。

第一节 "过₁"的语法化动因

一 事件经过动因说与"过₁"

首先，我们先得分析早期的"过₁"。先看笔者发现的南北朝的一例"过"："文帝黄初，改为中书令，又置监，及通事郎，次黄门郎。黄门郎已署事过，通事乃奉以入，为帝省读书可。"（《宋书·志第三十》）"过"不表示"经过"，表完成，"署"没有位移性，后又带宾语"事"，形成"署事过"结构。那么为什么"过"会出现在这个结构中，我们先看这句话的含义，"黄门郎已将公文签署处理过，通事郎则持入宫，替皇帝阅读批答、签字认可"，黄门郎和通事郎在处理公文时，在办事程序上有先后顺序，黄门郎办完一事后，通事郎再接着办，并且词语上出现

"已……，则……"结构。为了了解"过₁"出现在这个结构中的原因，我们再看一些语句。

（1）八月丙寅，诏"京邑霖雨既过，居民泛滥，遣中书舍人、二县官长赈恤"。（《南齐书·本纪第三》）

（2）陆太尉诣王丞相咨事，过后辄翻异，王公怪其如此。（《世说新语·政事》）

（3）阮光禄赴山陵，至都，不往殷、刘许，过事便还。诸人相与追之，阮亦知时流必当逐已，乃遄疾而去，至方山不相及。（《世说新语·方正》）

（4）有沙门宝公者，不知何处人也。形貌丑陋，心识通达，过去未来，预睹三世。发言似谶不可解，事过之后，始验其实。（杨衒之《洛阳伽蓝记·城西》）

例（1）"下雨"是一件事，这件事"过"后，就是"雨后"，"下雨"一事以后，"居民泛滥"一事发生，从事件类型的角度看，还可以这样分析，一件事情"过去"，那也就意味着这件事情"既（已经）"完成。例（2）、例（4）都是"事"过之后又发生了什么事。例（3）"过事"与"便还"，两事在时间上有先后联系。前文语句中"黄门郎署事"和"通事奉以入"在办事程序上、时间上都有先后联系，这也是"过"出现在"署事"之后的原因。笔者认为表示"事件先后"（一件事"过"后，"完成"这件事后，再去做另一件事）的"过"是"过₁"的产生原因，这个和动补结构中表趋向的"过"无关，笔者将这个原因称为"事件经过动因说"。"动词+过"原来是连动结构或动补结构，受连续完成事件的语义表达的制约，也受"过"可表达一个事件"完成"之后这个语义的影响，人们在心智空间将事件"动词+过"重新分析为"动词+过₁"。但魏晋南北朝只发现这一个"过₁"，不足以说明"过₁"形成的动因。隋唐五代也有这样的"过₁"。

（5）讲僧因辄诵听之，每至义理深微，常不能解处，闻醉僧诵过经，心自开解。（李昉《太平广记》卷九四《纪闻·法将》）

第三章 ◇ "过₁"的语法化动因及机制

(6) 报状拆开知足两,赦书宣过喜无因。(王维《赠华州郑大夫》)

(7) 谁知花雨夜来过,但见池台春草长。(李贺《荣华乐》)

(8) 去岁会游帝里春,杏花开过各离秦。(李频《汉上逢同年崔八》)

(9) 婆云:"水不妨饮,婆有一问,须先问过。"(《瑞州洞山良价禅师语录》)

(10) 仰山云:"此是心机意识著述得成,待某甲亲自斟过。"(灵佑《潭州沩山灵祐禅师语录》)

(11) 落晖看过后,独坐泪沾衣。(崔峒《春日忆姚氏外甥》)

"过₁"与动词构成一个事件,表先"完成"此事,再去做别的事。这些语句中或事件在时间上、出现顺序上前后相连,或在具体表述中有"先""后""待""已"等标志词语,属于"事件经过动因说"的情况。

"事件经过动因说"的语句中"过"从词义上讲表示"完成",但"过"刚进入这个结构时表示"事情过后",进而演化成"完成",从语句结构上来讲,其形成多为"动词1+过+动词2",表示"动词1"事件完成以后再去做"动词2"事件,"去岁会游帝里春,杏花开过各离秦"。"杏花开"这一事件出现过后,再"各离秦"。

二 事物经过动因说与"过₁"

我们先看隋代《启颜录》中的例句:

(12) 唐山东一老佐史,前后县令,无不遭侮。家致巨富。令初至者,皆以文案试之,即知强弱。有令初至,因差丁造名簿,将身点过。有姓向名明府者,姓宋名郎君者,姓成名老鼠者,姓张名破袋者,此佐史故超越次第,使其名一处,以观明府强弱。先唤张破袋、成老鼠、宋郎君、向明府,其县令但点头而已,意无所问。佐史出而喜曰:帽底可知。竟还即卖之。(出《启颜录》)(李昉《太平广记》卷二五二《诙谐·山东佐史》)

这个不属于"事件经过动因说"的情况,那么这个"过"字结构是怎么形成的，与"过"字本身有什么联系？我们要加以分析。"将身点过"，"身"指的是"名簿"里的人名，"点"的受事是人名，"过"的受事也是人名，如果我们这样分析就理解通了，"点名"这个动作在"人名"上经过，这样就形成"将身点过"，"点"是非位移性动词，"过"表"经过"，构成这个结构的根本原因在于"点""经过"的"身"在名簿上有先后顺序，在一个人名上"经过"就完成一个"点"，形成"将身点过"。笔者将这样形成的完成体"过₁"动因叫作"事物经过动因说"。如同类事物都被某一动作"经过"，那么在表达上就会有表总括的词语。例句如下。

（13）崔生即祈求青袍人，青袍人因令胥吏促放崔生妻令回。崔生试问妻犯何罪至此，青袍人曰："君寄家同州，应同州亡人，皆听勘过。"（朱僧孺《玄怪录·南缵》）

（14）十二月〔大〕一日：癸卯，金平。三日：小寒。十八日：大寒。廿六日：腊。右件历日具注勘过。（圆仁《入唐求法巡礼行记》）

（15）既议罪，崔公为中书令，详决之。果尽以兵仗围入，具姓名唱过，判云准法。（李昉《太平广记》卷一四八《定数·崔圆》）

（16）远公对曰：贱奴念得一部十二卷，昨夜总念过。相公曰：汝莫慢语！远公曰：争敢谁忘相公。（《庐山远公话》）

（17）"……若是从头一一问过，几时得休？……"（《古尊宿语要》）

在带"过₁"的小句中有"皆""具""总""一一"等词语，表总括。也许会有学者认为这不是"过₁"，是动趋式的进一步演化，笔者认为其是"过₁"的主要原因在于作者想要表达的意思是完成，而非趋向。

"事物经过动因说"的"过₁"是"过"的动补结构中的"动趋式"进一步隐喻深化而形成的，虽然事件发生时，动词在事件上"经过"，但在事后表达时，"过"表完成。"贱奴念得一部十二卷，昨夜总念过"，念卷时，人的视觉必然在经卷上"经过"，有趋向性，但在事后的语句中，"过"不再表示"趋向"，不是"一部十二卷都念过去了"，而是"一部十二卷都念完了"。从语句整体来看，动词前有"皆""具""总""一一"等词，从语义上限定了"过"不再表示"趋向"，而表示一个事件"都"

做完了。

笔者将"过₁"的产生原因归结为"事件经过动因说"和"事物经过动因说"两个直接动因,其实二者可以直接归结成"事件经过动因说"一个,因为"事物经过"也是一个事件。之所以分成两个动因,是因为更能抓住"过"的语法化途径。

三 其他动因与"过₁"

刘坚、曹广顺、吴福祥(1995)《论诱发汉语词汇语法化的若干因素》一文共提到"句法位置的改变""词义变化""语境影响""重新分析"四个诱发词汇语法化的因素。这四个因素中,笔者认为"句法位置的改变"不是"过"的语法化的因素,"词义变化"体现在由动词义"经过"变为表"完成"。"语境影响"与"过₁"的形成有很大关系,"过"原意是"经过"某处所,后表示"经过"某事,"过"了某事又发生什么事,这种语境上的变化对"过₁"的产生有重大影响,这种事件上"经过"之"过",用于"动词+过"结构中,"过"对"动词"所表示事件进行补充说明其"完成"义,渐语法化成"过₁"。

第二节 "过₁"的语法化机制

沈家煊(1998)在《实词虚化的机制——〈演化而来的语法〉评介》一文中介绍了五种虚化机制:隐喻、推理、泛化、和谐、吸收。在这五种虚化机制中涉及"过₁"语法化的主要有三个:隐喻、推理和泛化。目前很多学者将"重新分析"列为语法化机制,又增加了一个。

一 隐喻和"过₁"的语法化

隐喻就是用一个具体概念来理解一个抽象概念的认知方式,现在常说成是从一个认知域到另一个认知域的投射(mapping)。我们祖先的思维具有"体认"特征,常把基于其本身获得的经验作为衡量周围世界的标准。在遇到一个新事物或者产生一种新思想时,为了认知系统的"平衡化发展",人们就会用已有的认知图式去同化,进而新事物或新思想就会被纳入已有的概念系统中。有时会将一个认知域的词语用到另一个认知域上,发生隐喻。对

"过"来说,之所以产生隐喻,在认知上,涉及以下几个方面。

(一) 有界事件与完成

《说文解字》:"过,度也。从辵,呙声。"其含义是在空间上经过某个地方,即"过"本义表达空间认知域。而"过₁"表事件完成,而非空间认知,但两者可在认知上建构一定的联系。

沈家煊(1995)指出:"事物占据空间,事物在空间有'有界'和'无界'之分。""有界和无界的区分主要以人的感知和认识为准。"有界动作和有界事物存在清晰的对应关系。比如,"过桥","桥"是有界的,因为桥有两端,"过"这个动词要想成立,必须得是人从桥的一端通过另一端,否则只能说"人在桥上"。"过桥"这个言语的形成是建立在人们对人的位移性动作和桥的界线做出共同判断的基础上的,最重要的是人的视觉空间中的"桥的两端界线"对人的动作进展的断定。

事情的进展情况在人们心里也是可以判断的,有开始、正在进行、结束(完成)几个阶段。不同事件结束方式是不同的,无论是具有可控性的事件(做作业等),还是不可控的事件(死亡),还是一些自然事件(下雨),在时间的轨迹上,人们主观认为这些事件结束了、完成了。完成的事件是有结束的时间点的,也就是说这些事件也是有界的,而有界的事件与视觉观察到的映射到心智空间的"过桥"是类似的,故也可以用"过"来表完成。用图示表示见图3-1。

图 3-1 有界事件与完成

(二) 从有界事件的角度看"过"与动词的组合

词语的产生是任意性的,但是词语与词语的组合多数情况下具有一定的理据性。为什么"过"和动词组合?先看下面语例。

(1) 十二月，上还过赵，不礼赵王。(《汉书·高帝纪》)

(2) 今春，五色鸟以万数飞过属县，翱翔而舞，欲集未下。(《汉书·宣帝纪》)

(3) 有县农行过舍边，仰视，见龙牵车。(干宝《搜神记》)

动词和"过"组合成一个词组的主要原因如下，图示见图3-2。

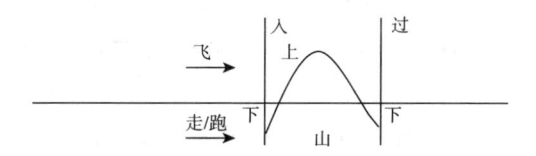

图 3-2　动词和"过"组合成一个词组的主要原因

"动词+过"这个事件的描述是建立在视觉观察和心理判断的基础上的。通过视觉来观察动作的动态（飞、走/跑）、动作的方向，这种视觉观察在心里会形成一个意象。动作必定是在一定的空间中进行的，当动作在经过某个有界空间时，人们心里会根据某些视觉参照点（如山顶、山下、山两边）对动作的空间位置做出判断。只有动作经过某空间的参照界线才能说是"过"。这是视觉对空间位置的判断，在人们的心里也会形成一个意象。当人们把两个意象（动作状态和空间位置）视为一个整体，二者成为一个描述的事件时，人们就会将代表这两个意象的词语组合在一起来表达，形成"动词+过"的结构。当然这样的动词组合形成的语法结构是连动结构或动趋式结构。

（三）事件、时空与"过₁"的形成

时间在人的认识世界中是有界的，并且具有一维性，即有顺序性。而人们"对连续事件的叙述总是一个事件接着一个事件，事件与事件之间要有界线，人就是这么来认识世界的，也就按这样的认识用语言来描述世界的"（沈家煊，1995）。

人们视觉所观察到的空间是立体的，在去某一地点时，地点的空间是立体的，但是在人叙述这些地点时，所表述的立体空间会抽象成线性空间，这种线性空间与时间、事件在顺序上有着对应关系（见图3-3）。

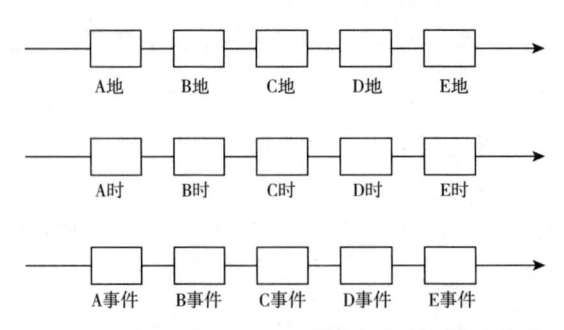

```
   □    □    □    □    □
   A地   B地   C地   D地   E地

   □    □    □    □    □
   A时   B时   C时   D时   E时

   □    □    □    □    □
  A事件  B事件  C事件  D事件  E事件
```

图 3-3　线性空间与时间、事件在顺序上有着对应关系

我们知道，"过"字后的视觉空间实体是有界的，在实体上的任何位置都不能称为"过"；"过"字后的时间，也是有界的，在一日中的任何时间都不能说"过"了"这日"；一个独立、完整的事件也是有界的，有开始的时间界线，也有结束的时间界线，也就是说这个事件的动作行为是有界的，而且这个动作行为的开始与结束有相对应的时间点，因此，"过"也可投射于动作行为，渐表完成。

（4）婆云："水不妨饮，婆有一问，须先问过。"（《瑞州洞山良价禅师语录》）

（5）去岁会游帝里春，杏花开过各离秦。（李频《汉上逢同年崔八》）

在空间上，如果以某一地点为参照点，可叙述其他地点的位置，假设我们在 C 地，我们可以说，过了 A 地、B 地就是 C 地，过了 C 地就是 D 地、E 地，而 A 地、B 地、C 地、D 地、E 地是相对而言，也就是说空间地点在叙述抽象线性空间里具有相对性，同理，时点也具有相对性，事件发生在时空里，与时空结合有界的动作行为也具有相对性。也就是说，"动词+过"这个有界的事件可以以另一个事件为参照点。如：明天吃过饭，咱们就去看电影。"看电影"这个事件是以"吃饭"为参照点的，而其条件是"吃过饭"，吃饭是需要完成的。用于表示有界时间的"过"与动词组合后，表示动作行为的完整性、完成性。人们在言语中描述事件时，通常凸显具有形象义的动词，不太凸显表事件完整性（完成性）的"过"，也就是说"过"在这个结构中语义的凸显度降低了，这是"过"虚化的一个动因，即"事件经过动因说"。

两个不同的有界事件在时间上有先后顺序，是"过₁"的"事件经过动因说"。如果是同一个动作在同一种类的事物上发生，就是"过₁"的"事物经过动因说"。如"点过名""具姓名唱过"。"名"是有界的，点名时的"点"也是有界的，在时间一维度里，有界动作"点"在某一时点经过某一有界事物"名"，"点"经过"名"一次，就是"点过名"一次（见图3-4）。

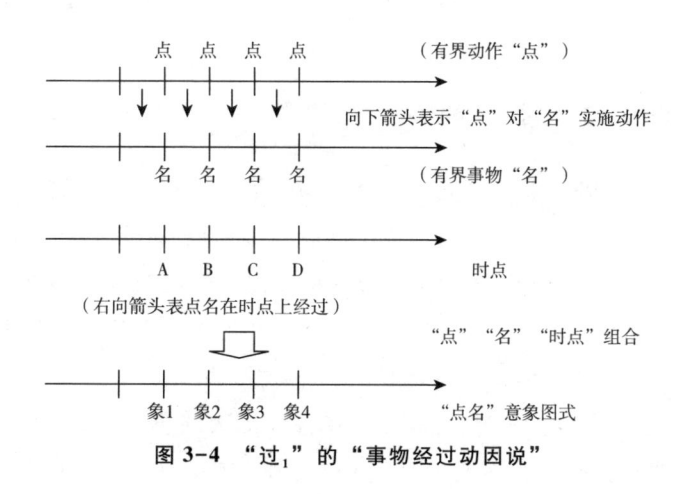

图 3-4 "过₁"的"事物经过动因说"

"事物经过动因说"其实与动补结构有一定的联系。"动词+过₁"是动趋动补短语在人们心智空间内化的结果。两种结构在图式上有相似性，"行过高邮"是行走这个动作在高邮位移，"诵过经"是诵读这个动作在经文上位移，所以会发生隐喻。

二　推理和"过₁"的语法化

推理是指语用推理。说话人（S）和听话人（H）之间有一种紧张关系：S不想说得太详细，而H又想要S尽量说得详细。双方都意识到这种紧张关系的存在，解决的办法就是H依靠语境从S有限的话语中推导出没有说出而实际要表达的意思（或叫"隐含义"）。如果一种话语形式经常传递某种隐含义，这种隐含义就逐渐"固化"，最后成为那种形式固有的意义，这种后起的意义甚至可能取代原有的意义（沈家煊，1998）。

"过"，本义"经过"，"事物经过动因说""事件经过动因说"是从语用认知的角度进行分析而得出的，也是可以推理的。在隋唐时代产生的"过₁"都是可以分析推理的。"问过""检过""开过"等中的"过"是可以在言语环境中进行解释的。"呼名过""诵过经"是"呼"在"名"上经过、"诵"在"经"上经过，是动趋式进一步演变的结果。而当这一完成事件由说话人说出时，又表示这一事件已"完成"，再做什么或不需做什么，"过"就具有"完成"的隐含义。跟现在我们说"点过名了"相同。

隐喻和推理分别从认知和语用的角度展开分析，两者是语法化的重要推动力。

三 泛化和"过₁"的语法化

沈家煊（1998）认为泛化是一个实词的语义成分部分消失，从而造成自身适用的范围扩大。霍伯尔、特拉格特（2008）《语法化学说》中提到泛化的特点可以部分地描述为某一形式增加多义性的过程，还可以部分地将其过程描述为"从词汇性发展到语法性、从不太具有语法地位发展到更具有语法地位的某一语素范围的扩大"。"过"本义是"经过"。《说文解字》言："过，度也。从辵，呙声。"在《汉语大词典》中"guò"语音下有20个义项，除最后一个义项表分子结构外，其他义项均是从本义不断引申增加出来的，动态助词"过₁"也是从本义"经过"在语位上不断下降、语义上不断弱化、语法上不断虚化而来的。"过"由先秦两汉时期用于动词后组成连动结构，到魏晋南北朝用于动词后做趋向或结果补语，再到唐代用于非位移性动词后表"完成"，使用范围不断扩大，从词汇性发展到语法性，再到逐渐具有完成体的语法地位，这是泛化的体现。

四 重新分析和"过₁"的语法化

所谓重新分析就是在语言演化过程中，语言理解者对原有语言深层结构进行的创新性分析与理解的心理过程，往往带动语言其他要素变化。这一过程以改变深层结构为标志，靠类推来彰显，是语法化中的重要机制之一。（朱新军，2008）"历时语法化的核心是语法中的形式因素，动词作为句法语义连接的核心，它的变化势必会引起结构的重整，语法位置、结构关系的重组会引起语义的变化，反过来，语义的改变也会引起结构关系的调整。"（史文雯，2013）在"动词+过"的句法组合结构中，先秦两汉时期，"动词+过"是连动关系，至南北朝时期，"动词+过"中，"过"位于自移性动词"飞""运""来""行""还"和使移动词"送""穿"后表示空间趋向，在有的组合结构中还表示结果，"过"作趋向补语或结果补语，引发第一次重新分析，从唐代开始，"动词+过"中动词出现非位移性动词，"动词+过"表示完成某一事件，"过"表示"完成"，在语音上逐渐弱化，变为轻声，在语法功能上，逐渐语法化为完成体"过₁"，引发了第二次重新分析。我们从认知角度对表层结构"动词+过"进行重新分析，重新理解，由于组合结构中词义的改变，语言深层结构（底层结构）也发生改变，变为"动词+过₁"。

小　结

综上所述，"过₁"是汉语完成体貌系统的一员，产生于唐代。"过₁"是在"过"本义（经过）基础上逐渐语法化形成的，在先秦两汉时期，"动词+过"是连动结构，动词与"过"之间有时还存在"而""以"等词，二者衔接不是很紧密，有时中间加入句读也不影响，后关系逐渐紧密。到魏晋南北朝时期，"过"在动词后作趋向补语，在作趋向补语时，"过"既表示趋向也表示动作的结果，为"过₁"产生提供了条件。在唐代"过"前出现非位移性动词，"过"的语法功能表前非位移性动词动作事件的完成，已经语法化，在组合方式上以"动词+过₁""动词+宾语+过₁"为主，"动词+过₁+宾语"极少。宋代"过₁"出现频率不高，从元代开始"过₁"出现频率逐渐增高，"过₁"的组合结构也逐渐复杂化，逐渐成熟。"过₁"的语法化路径是动词"过"（连动结构）→趋向补语"过"（兼表趋向和结果）→"过₁"。"过₁"的语法化动因是人们在语言运用中认知的识解，笔者从"事件经过动因说""事物经过动因说"两种认知角度说明为什么表示趋向的"过"会产生衍生出"完成"义。"过₁"的语法化机制是隐喻、推理、泛化和重新分析，其中最主要的是隐喻和重新分析。"过本义表"经过",经过某地是空间域,后表"完成",由空间域投射到时间域,是隐喻机制在发挥作用。隐喻机制发挥作用的原因在于"有界性",空间、时间、事件在人们认识中具有"有界性",具有家族相似性。与"过"组合的动词类型发生变化,变为非位移性动词,事件类型发生变化,变为表完成事件,致使"动词+过"重新分析,变为"动词+过$_1$"。

第四章　汉语完成体貌系统与完成体"过₁"

一种语言表达某一言语范畴必然存在一个语法系统，语法系统中各个要素是相互影响、相互制约的，语法系统子系统中的各要素也是如此。"过₁"是表"完成"体貌系统中的一员，其使用和发展必然也会受到此系统中其他成员的影响。

体貌系统一直是语言学界研究的焦点之一，而完成体貌系统为体貌系统的下位类型，受到了广泛的关注。"体貌"又称"动相""动态""情态""时态"等，与"时""态"并称为"动词的三大语法范畴"，也是语言学的基本语法范畴之一。

吕叔湘（1982）、王力（1985a、1985b）、高名凯（1986）、陈平（1988）、郭锐（1993）、龚千炎（1995）、左思民（1997）等学者关于"体"这一术语的界定有所不同，但大部分学者都指出"体"主要指的是一个动作历程的阶段，如龚千炎（1995）在陈平的基础上重点分析了汉语时态（体）系统，建立了一个精致的"时态链"：

将行→即行→起始→持续→继续→完成→近经历→经历

戴耀晶（1997）的《现代汉语时体系统研究》，是第一部比较系统地研究汉语体貌问题的专著，该书将观察事件的构成方式分为外部观察和内部观察，进而将汉语的体分为两大类六小类。陈前瑞（2003）《汉语体貌系统研究》认为汉语的体貌系统是一个由情状体、阶段体、边缘视点体、核心视点体组成的四层级系统。基本的情状体通常分为四类，分别是状态、活动、结束、成就。孙英杰（2006）认为现代汉语是体凸显语言，而且在体方面还是动词敏感性语言，提出了汉语三分体系统的三层级假设：

动词词汇体、述谓体、语法体。不同层级的体特征在成句过程中的顺序是固定的，从而构成了一个完整的"时一体阶层"。李明晶（2013）认为现代汉语体貌系统属于二元性的语义范畴，涵盖动貌和视点体。

目前关于方言体貌系统的研究成果很多，主要关注的是体貌标记。李平（2010）、李小芬（2017）、吴露露（2017）、黎娟（2018）、鲜于名名（2019）、朱瑶瑶（2019）、程舒雯（2020）、蔡娇娇（2020）分别对苍溪、夏县、江苏东台、临湘长詹、天门、湖南湘潭县、临安锦城、广东南雄方言体貌系统（范畴）进行了分析。关于完成体，方言语义或分析理论不同，不同学者分析不同方言时采用的名称也不同，如李平（2010）采用苍溪方言实现体标记"哆［tuo^{21}］"、李小芬（2017）采用夏县方言完成体标记"了［iɑu^{33}］""也［ia^{31}］""来₁［lai^{31}］""下［xa^{33}］"。吴露露（2017）认为江苏东台方言有完成体"呃₁［ə^0］"和"了［nə^0］"。黎娟（2018）认为临湘长詹片有三个完成体体标记，分别是"哒""落""起"。鲜于名名（2019）认为天门方言实现体是"哒₁［ta^{31}］"，和普通话"了₁"一样表示行为或事件的实现，此外，天门方言中"起"也表示完成义，必须和"哒₁"共现才能表完成义。朱瑶瑶（2019）认为湖南湘潭方言现实体有"哒［tɒ^{21}］、咖［kɒ^{21}］、咖哒［kɒ^{21}tɒ^{21}］和餐［tsʰã^{33}］"。程舒雯（2020）认为临安锦城方言有三个完成体标记："了［ləʔ0］""嘞［leʔ0］""的［təʔ0］"。蔡娇娇（2020）认为广东南雄方言完成体有"佬［lau^{31}］、嘞［lɛ^{21}］、佬嘞［lau$^{31-13}$lɛ^{21}］"。

杨育彬、齐春红（2009）、王顺巧（2017）、赖思羽（2019）分析云南方言体标记"掉"。丁健（2020）认为吴语路桥方言的"爻""完""起"都能在动词之后充当完结体标记。张其昀（2005）、陈玉静（2020）分析了扬州方言中完成体标记"得"。温美姬（2016）认为赣语的"刮"（过）与客家话的"撇"是对应的两个虚词，它们都表"完成"义，在功能上都与普通话"掉""了"接近。

目前，从历时角度来说，讨论的完成体标记较常见的有完成动词"讫""竟""已""毕""完"和完成体助词"却""得""取""了""过"等。笔者主要研究"迄""竟""毕""已""完""却""了""过"这些词语的历时语法演变，通过分析完成体貌标记的来源、与其他词语的组合结构、与之组合的动词特点、完成体标记的使用频率等，从系统语言观的角度分析完成体标记是否存在共变规律及各标记之间的相互作用以及对完成体"过₁"的影响。

第一节　完成体貌系统历时演变研究简述

王力（1980）、刘坚等（1992）、曹广顺（1995）认为"过₁"产生于唐代。在唐之前，古汉语中就存在表完成的语法标记。为了说明对"过₁"的语法化演变的影响，有必要对汉语完成体貌系统进行历时梳理。根据"过₁"的语法化状态、使用频率，笔者将"过₁"的发展归纳为四个阶段：语法化前阶段（先秦至南北朝）、形成发展阶段（唐宋）、成熟阶段（元明清）、衰落阶段（现当代）。为考证汉语完成体貌系统对"过₁"的影响，笔者将结合前代学者的学术成果及自己的考察对唐以前及以后的完成体貌标记进行一个简要的说明。

一　唐以前完成体貌标记

这一阶段的完成体貌标记主要是完成动词。梅祖麟（1999）和蒋绍愚（2001）两位先生的论述较为详细。梅指出先秦没有别的完成动词可以用于"动+（宾）+完成动词，下句"这种完成貌句式。至战国后期，"已"字用在完成貌句式上句句末，如"魏亡晋国，犹重秦也。与之攻齐，攻齐已，魏为□国，……"（《战国策·战国纵横家书·谓起贾章》）。蒋举出《墨子》中一个例子："晨见掌文鼓纵行者，诸城门吏各入，请籥，开门已，辄复上籥。"

梅指出先秦时期"动+（宾）+完成动词"出现的很少。两汉时期此格式出现的情况有所增多，最常见的是"已"，其次是"讫""竟""毕"，南北朝还是"已""讫""竟""毕"。大概是西晋时代，"了"字也加入完成动词的行列。10世纪左右，"动+宾+了，下句"里的"了"字往前挪，挪到动宾之间，于是句式变成"动+了+宾，下句"，这就是现代汉语完成貌句式的来源。魏晋南北朝时期"已""讫""竟""毕"的分布大概持续到唐代。蒋通过对比分析了《世说新语》《齐民要术》《洛阳伽蓝记》《贤愚经》《百喻经》中"已"与"竟""讫""毕"的不同，指出东汉魏晋南北朝的"V（O）已"的"已"应分两部分：其一，"已1"，前动词为持续动词，这种"已"是佛教传入前已存在的、汉语原有的；其二，"已2"，前动词是非持续动词，这种"已"是用来翻译梵文的"绝对分词"的。并指出"已1"仍是动词，"已2"已高度虚化，只起语法作用，不能看作动词。

二　唐以后完成体貌标记

唐五代时期完成动词"已""讫""竟""毕"仍然在使用，如张庆冰（2011）分析了《祖堂集》中的完成体动词，其中就有四者。曹广顺（1995）认为唐五代是动态助词产生初期，谈到的完成体貌标记有"却""了""过""将""取""得"。认为"却"是由动词发展演变成助词的。"却"原有"节欲"义，至汉代产生"退""使退"义，后来表一般的"离去"，作趋向补语，后转变为作结果补语，至唐虚化为表完成的动态助词。而"了"也是由动词发展成助词，在汉代以后，动词"了"有了"终了""完毕"义，并同意义相近的动词"已""讫""竟""毕"等一起，构成汉语中表示完成状态的句式"动词+宾语+完成动词"。曹指出，就唐代来说，"了"字所陈述的"事件"大体上有两种情况，一种是对一个完整的事件的状态做出陈述，另一种则只是对一个动作做出陈述，后者由于表达的意义与"动词+却+宾语"相近，从中晚唐起，受"却"影响出现虚化趋势，位置从动宾之后，逐渐移至动宾之间助词"却"的位置上，变成动态助词。曹认为"过"可能产生于唐代，主要表达动作的完结，并区分了"过"与"却"的异同。"将"在魏晋南北朝"动词+将"格式中是动词，有"携带、挟持"义，至唐"将"词性和意义发生了变化，有些结构表趋向，有些表示动作完成或获得结果的状态，可用于动作已经完成或假设完成的句子里。"取"字本是一个表示"取得""得到"的动词，在唐代"动词+取""动词+取+宾语"结构中，"取"表示动作实现或获得结果，曹认为唐代"取"字对其前面的动词已经没有什么特别的选择要求，它的词义已经虚化，基本上从动词演变成助词。"得"本为动词，义为"获得"，魏晋南北朝以后，没有"取得"义的动词与"得"连用，表示某种动作获得某种结果，至唐，"得"用作补语的例子迅速增多，同时又在补语的基础上进一步发展，虚化成动态助词。结合曹广顺《近代汉语助词》及梅祖麟和蒋绍愚的研究，将各时期的完成体貌标记总结如下（见表4-1）。

表 4-1　各时期的完成体貌标记

魏晋	隋唐	五代	宋	元	明	清
已						
讫						
竟						
毕						
了	了	了	了	了	了	了
	却	却	却			
	过	过	过	过	过	过
	将	将	将	将	将	
	取	取	取	取	取	
	得	得	得	得	得	

后起的完成体貌标记很少，主要是完成动词"完"。蔡松年（1994）认为"完"本义为"宫室外的围墙"，后引申出名词义"城郭"、形容词义"坚固"和"完整、周全"；后在名词义"城郭"基础上引申出动词义"修缮、整治"和"保全"。景高娃、丁崇明（2016）认为"完"表示完结义，"V 完"式述补结构形成于元代。

第二节　完成体貌标记与动词组合考察

魏晋南北朝语料，笔者考察了《搜神记》动词、完成体貌标记[①]和宾语的组合情况（见表 4-2）。

表 4-2　《搜神记》动词、完成体貌标记和宾语的组合情况

单位：次

完成体貌标记	组合结构	出现频率	动词
已	动词+已	3	是、行刑、问讯
	动词+已+时量词	1	死已数年

[①] 每个学者对表示完成义的完成动词或完成体助词认识不同，故笔者统称为"完成体貌标记"。

"过"的语法化及相关句式研究

续表

完成体貌标记	组合结构	出现频率	动词
竟	动词+竟	1	饮
	动词+宾语+竟	1	至三更竟
讫	动词+讫	11	过、缲、语、言6、食、著
	动+宾语+讫	1	诵《六甲》《孝经》《易》本讫
毕	动词+毕	9	丧、语2、言2、寒温、歌、坐、生
却		0	
完		0	
过		0	
了		0	

注:"动词"一栏汉字后标注的阿拉伯数字为该字出现的次数。下同。

从句法结构上来看，我们发现《搜神记》中"动词+完成动词"格式比"动词+宾语+完成动词"的出现频率高，没有出现"动词+完成动词+宾语"结构，出现这种情况主要是和动词性质或文本语境有关。

首先，动词为不及物动词，所以后不带宾语。

（1）忽有客通名诣瞻，寒温毕，聊谈名理。
（2）见有二人，皆盛衣服，俱进，坐毕，称府君者便与应谈。

其次，动词语义中蕴含受事，所以受事宾语可以不出现。

（3）语毕，凌空而去，不知所在。
（4）言讫，又复哀泣逡巡。
（5）充便著讫，进见少府。
（6）得茧百二十头，大如瓮，每一茧缲六七日乃尽。缲讫，女与客俱仙去，莫知所如。

最后，动词和完成体貌标记前存在动词受事，后文承前省略。

（7）汉，武建元年，……共持面饭至，索其酒饮。饮竟而去。

（8）后将弟子回豫章，江水大急，人不得渡。猛乃以手中白羽扇画江水，横流，遂成陆路，徐行而过，过讫，水复。

唐代语料，笔者考察了《入唐求法巡礼行记》（成书于公元847年）动词、完成体貌标记和宾语的组合情况（见表4-3）。

表4-3 《入唐求法巡礼行记》动词、完成体貌标记和宾语的组合情况

单位：次

完成体貌标记	组合结构	出现频率	动词
已	动词+已	2	许、览
竟	动词+竟	1	言
	动词+宾语+竟	2	释、称
讫	动词+讫	20	发2、申、誓愿、讲、出、焚烧3、发送、通入、通送、收管、领、收捡、孝、焚、览、闻奏、道
	动词+宾语+讫	27	别、申3、打2、登、颂、释、奏、讲、分、领、排比、斩（首）、还（俗）、归3、准、装、宣、入、付2、往、报、
	动词+补语+讫	1	准敕尽斩杀讫
毕	动词+毕	9	巡礼、转经、行香2、礼拜、朝拜、讲、验、看
	动词+宾语+毕	11	置、送、称、礼、唱、读、图写、讲、写、画、受
却	动词+却	11	抛4、留4、流、死、破
	动词+宾语+却	0	
	动词+却+宾语	17	放、择、留、落、擗、抛7、吃2、杀、除、卖
完		0	
过	动词+过	2	注勘、检
了	动词（联合）+了	23	唱、吃、食、语、举问、作梵、别、坐、咒愿、作、发愿、斋2、定、写2、付嘱、打槌、唱经、念经、礼佛、押印、唱赞
	动词+宾语+了	25	达2、奏、读3、到、礼、画、闻、论、唱、释、登、定、陈申、见、吃2、念、造、拜、斩、进、辞

五代语料,张美兰(2003)统计了《祖堂集》中的完成体貌标记,统计数据如下。

"已"72例:(副)+V+已,25例;V+O+已,47例。
"毕"10例:V+毕,7例;V+O+毕,3例。
"竟"9例:V+竟,2例;V+O+竟,7例。
"讫"14例:V+讫,10例;V+O+讫,4例。
"了"75例:V+了,41例;V+O+了,34例。
"了也"42例:V+了也,26例;V+O+了也,16例。

宋代语料,卢烈红(1998)《〈古尊宿语要〉代词助词研究》统计了动态助词"了""却""著""过""将""得"出现的次数,笔者总结如下。

"了"36次:动+了+宾,3次;动+了,25次;动+补+了,7次;形+了,1次。

"却"58次:动+却,11次;动+却+宾,44次;形+却+宾,3次。

"过"8次:动+过,7次;动+过+宾,1次。

"得"50次:动+得+宾,34次;动+宾+得,次数未统计;动+得+(宾)+趋向补语,次数未统计;动+得,次数未统计。

通过上文,我们可以看到汉语完成体貌系统从汉至宋,除"却""得"外其他完成体貌标记出现的句法结构基本上是"动词+完成体貌标记""动词+宾语+完成体貌标记","过"作为一个完成体貌标记,不可能不受到这种句法结构的影响。这种句法结构常是稳固的,它不易产生一定的变化,对使用它的言语社团具有强制性,所以"过"出现的结构常是"动词+过"和"动词+宾语+过"。

随着"罢""完"的兴起,元明以降完成态动词的使用情况发生了很大的变化。钟兆华(1995)对若干种著作以抽样调查的方式进行统计,其统计结果见表4-4。

表4-4 钟兆华对若干种著作以抽样调查的方式进行统计的统计结果

单位：次

	《全相平话》（五种）	《水浒传》（前七十回）	《金瓶梅》（前五十回）	《今古奇观》	《儿女英雄传》（前二十回）	《老残游记》
讫	48	4	1	25		
毕	175	1	121	33	7	5
罢	80	193	14	104	24	10
完			3	9	27	22

元代语料，笔者统计了《南村辍耕录》的完成体貌标记，如下：

竟：V+竟，1次。

毕：V+毕，10次；V+宾语+毕，3次。

讫：V+讫，6次；V+讫+宾语1+宾语2，2次。

了：V+了+宾语，8次。

过：V+过，2次。

罢：V+罢，7次；V+罢+宾语，1次。

完成动词"已"和动态助词"却"都是0次。

明代语料，笔者统计了《封神演义》前十回的完成体貌标记。

"毕"出现24次、"了₁"出现107次、"过₁"出现2次、"罢"出现35次、完成动词"完"出现2次，而"竟""讫""已""却"都是0次。

清代语料，笔者统计了《官场现形记》前十回的完成体貌标记。

"了₁"出现1233次、"过₁"出现115次、"罢"出现7次、"完"出现50次。也有完成动词"毕"，有"说毕""听毕"2例，没有完成动词"讫"。

我们可以看到这样几种趋势："毕""罢"在元、明、清时占有相当的优势；"完""了"的使用频率逐渐增高；"讫"逐渐趋于消失。（钟兆华，1995）

王蒙《活动变人形》中完成动词"完"出现88次，"过₁"出现20次，表完义的"好"出现16次，没有完成动词"毕""讫""罢"与动词组合的情况，"了₁"在现代汉语中是完成体貌标记的主体，没有统计，特此说明。

第三节　完成体貌标记的共存与更替

我们可以看到在每个时期，同一本文献中皆存在着不同的完成体貌标记，那么为何会同时存在不同的完成体貌标记？

一　完成体貌标记共存成因

（一）来源不同

"毕""竟""讫""已""了"本身就具有完成义，而具有一些完成体貌标记的功能，常是在句法结构中演变的结果，曹广顺（1995）指出动态助词产生的过程中，"将""着""取""得"等几个词从动词向助词发展，都是从充当连动结构中的第二个动词开始的。如"将"，"将"字变化的起点是连动结构，连动式的构成，使处于第二动词位置的"将"动词性减弱，从一个具体动作，变成前一个动作的附属（结果），又从表示结果的补语，变成表示动作状态的助词。在"着""取""得"的变化过程中，也有与"将"相同的情况。"却""过"也都是从动词变为助词的，"却"有"退"意，后"却"表"离去"，作趋向补语，又转变为结果补语，至唐开始虚化成表示完成的动态助词。也就是说，唐代的完成体貌标记，既有唐代以前就存在的完成动词，后又出现从连动结构或动补结构中后一动词演化来的完成体貌标记，形成了多个完成体貌标记并存的局面。

（二）言语社团的言语求变心理

人们在说话或写文章时，为了拉近受众，表达同样的语义常采用不同的句法结构或更换同义词，这样做是为了避免言语单调乏味。

（1）语毕，凌空而去，不知所在。（干宝《搜神记》）

（2）班语讫，如厕，忽见其父著械徒作，此辈数百人。（干宝《搜神记》）

（3）言毕，遂死。（干宝《搜神记》）

（4）言讫，忽去，竟不得见其形。（干宝《搜神记》）

（5）三门分别，述经大意。释经题目竟，有维那师，披读申事兴

所由。(圆仁《入唐求法巡礼行记》)

(6) 梵呗讫，讲师唱经题目，便开题，分别三门，释题目讫。(圆仁《入唐求法巡礼行记》)

(7) 黄道台看完，便重新谢过护院，说了些感激的话，辞了出来。(李伯元《官场现形记》)

例（1）、例（2）出自《搜神记》，动词"语"后分别用"毕""讫"表完成。例（3）、例（4）中动词"言"后分别用"毕""讫"表完成，这说明在《搜神记》中，"毕""讫"在"言""语"后可互换使用。例（5）、例（6）说明在《入唐求法巡礼行记》中释题目后完成动词"竟""讫"可互换使用。在例（7）中，完成事件有"看完""谢过护院""说了些感激的话""辞了出来"，分别处在四个小句中，连续用了"完""过""了"三个完成体貌标记。

（三）完成体貌标记语法功能不同

完成体貌标记有很多，在有些结构中可以互换，有些不能互换，存在差异。

蒋绍愚（2001）曾讨论过"已"与"竟""讫""毕"的不同。主要包括以下几点。

1. 出现频率不同

考察《世说新语》《齐民要术》《洛阳伽蓝记》《贤愚经》《百喻经》五部书中"V+（宾语）+X"的出现频率，详见表4-5。

表4-5 五部书中"V+（宾语）+X"的出现频率

单位：次

	已	竟	讫	毕
《世说新语》	0	15	5	21
《齐民要术》	0	3	102	13
《洛阳伽蓝记》	0	0	3	0
《贤愚经》	296	70	90	4
《百喻经》	43	4	1	0

2. 用法有别

首先,"竟""讫""毕"前面可以加时间副词,说明它们是作谓语的动词,而"已"前一般不加副词,如果有副词必须放在"已"前面的动词之前,说明"已"已经不是作谓语的动词。

其次,"竟""讫""毕"可以用在一个句子的终了,后不再接另一句,而"已"未见居于一个句子的终了,后不再接另一小句的用法。

最后,"竟""讫""毕"前面的动词必须是可持续性动词,如果前面是一个动词词组,则表示一个持续的动作。而"已"前面可以是持续性动词,也可以是不可持续的瞬间动词、状态动词。用得最多的是"见(宾语)已""闻(宾语)已"。

曹广顺(1995)认为表示动作完成,唐五代主要用助词"却","过"和"却"虽都有表示完成的功能,但二者的语义是有所差别的。"却"表达的完成,主要在于指明一个动作结束后,造成了(或会造成)一种什么样的状态,多用于陈述事实和现状。而"过"则多用于指明一个动作是已经(或需要)结束、完成的,在多数情况下,都是强调动作本身的状态,而不是由于动作的结束造成的状态。

二 完成体貌标记的更替

完成体貌标记形成一个系统,系统内部成员根据表达的要求,占据各自独立的功能位置,形成分工,也形成彼此间相互制约和限制的关系。从古代到现代,完成体貌系统处在不同的变化中,有些完成体貌标记使用频率逐渐降低,甚至退出历史舞台,而有些完成体貌标记占据"前辈"或"同事"的句法位置,使用频率逐渐增高、语法功能逐渐扩大,形成历时更替的语法现象。

曹广顺(1995)认为,唐五代是动态助词产生初期,大多数助词都有相似的发展过程,造成"却""着""将""取""得"等在表示动作获得结果、完成、持续等几种功能上的重合。宋代,"却(了)""着"表示完成、持续的功能稳定下来;"将"到南宋时已基本上不再表示动作完成、持续,而以带趋向补语为主;"得"则在宋元以后变成以带结果补语为主,也退出了表示完成、持续的竞争;"取"没有自己独特的功能,元代残存的部分用例,已是以作词缀为主,开始完全走向消亡。系统的调整不仅是规范与淘汰，也促成了助词的兴替。"却"从唐五代起表示完成，是这个时期最常用的助词，比它稍晚又另外出现了动态助词"了"，宋代"了"发展起来，南宋已很常见，宋代表示完成态是由"却""了"共同担任的。两个成分担当同一功能，与语言简明、精密的要求相背离，造成了系统内的不平衡，南宋中晚期，"了"取代了"却"。随着"却"的消失，系统内部经过规范和调整，恢复了平衡。系统内部各成员间的制约和限制要求规范和稳定，语言的发展、语言成分的变化又常常破坏这种规范和稳定，这样，系统内部不断调整和规范彼此间的关系，达到新的规范和平衡，这个调整过程，也就是许多助词发展、变化、产生、消亡的原因和动力。

黄锦君（2002）认为从汉代开始，表"结束、了结"的"了"往往用在别的动词后面，充当补语。不过在魏晋南北朝至唐以前的文献中，在动词后充当补语表"结束、了结"义的更多的是"已""讫""毕""竟"。从唐代开始，"了"在"动词+宾语+完成动词"句式中，逐渐取代了"已""讫""毕""竟"的位置。在敦煌变文中，"了"的使用已占绝对优势。在《祖堂集》里，可以发现，年代较早的僧人，特别是西域二十八祖及六祖慧能前后的僧人的传记语录中，"已""讫""竟"的出现频率远多于"了"；相反，中晚唐以后，距《祖堂集》成书时间较近的和尚传记语录中，"了"的出现频率要远远高于"已""讫""竟"。至北宋的二程语录里，表完成的补语系列"已""讫""毕""竟"仅发现两例，一例是"毕"，一例是"讫"。

以上情况足以说明在汉语发展演变过程中，汉语完成体貌系统成员也在不断变化。

第四节　完成体貌系统对"过₁"的影响

"过₁"是完成体貌系统中的一员，其存在必然会受到系统中其他成员的影响。

一　系统成员的相互压制

完成体貌标记之间存在相互压制、更替的情况，例如曹广顺（1995）

说明宋代"却"的使用情况时指出,"却"的使用与唐五代相比发生了一些变化。首先,是完成体貌助词"了"的产生。从宋初起,"了"已用作完成体貌助词,用于"动词+了+宾语"格式,开始时,"了"与"却"并用,有时在同一句子里,二者交替使用,而后"了"逐渐有取代"却"的趋势。其次,"了"的使用必然地造成了"却"的使用的减少,如在宋词中,带"却"的动(形容)词就逐渐集中于"过""老""换""忘"等几个词上,结合能力的减弱又最终导致它被"了"所取代。这是"了"对"却"的压制。

我们发现唐至宋相对于其他的完成体貌标记,"过₁"出现频率很低,为何如此?这主要是受完成体貌系统其他成员的制约,在"过₁"之前,已经存在其他的完成体貌标记"已""讫""竟""毕""了",这些词语语义上本身就表示完成,而"过"至唐才逐渐有表完成义的语法功能,"过₁"作为一个后起成员必然会受其他"前辈"的压制,而随着其他成员在完成体貌系统中的消减,"过₁"至元代使用频率逐渐增高,至清末(如《官场现形记》)"过₁"的使用频率依然很高,在现代汉语中由于受到动态助词"了"和完成动词"完"的影响,使用频率又逐渐降低。

二 句法结构的影响

曹广顺(1995)认为唐代"过"字使用的结构特点是以"动词+过"为主,"动词+过+宾语"少见。曹先生认为这可能与"过"的词义有关,"过"是表达空间上趋向运动的动词,它的宾语只能是处所宾语,但它转变为助词时,词义由空间转向时间,处所宾语无法与之搭配,所以造成早期多用"动词+过",少用"动词+过+宾语"的现象,这种现象是助词"过"发展尚不成熟的一种表现。我们发现在两汉至宋时期,"动词"与"完成体貌标记"的句法结构基本上以"动词+完成体貌标记"和"动词+宾语+完成体貌标记"为主,呈现一种系统性的特点。如前文"已""讫""竟""毕"这些完成体貌标记在两汉至南北朝出现的句法格式就是如此,所以"过"表完成义时,不可避免地受到这两种格式的影响,形成"动词+过""动词+宾语+过"两种格式,而后至宋受"了""却"使用格式的影响,"动词+过+宾语"格式使用频率逐渐增高。

第四章 ◇ 汉语完成体貌系统与完成体"过₁"

"过₁"是汉语完成体貌系统的成员,从历时角度来看,表示完成义的有完成动词和完成助词,这些完成体貌标记之间在语言的演变过程中,是相互影响的,在语法化层面,出现平行虚化的现象,在结构上,至唐,出现"动词+宾语+完成体貌标记"和"动词+完成体貌标记+宾语"两种类型,"过₁"初始处于"动词+宾语+完成体貌标记"结构中,后两种结构共存。完成体貌标记由不同动因而产生,有一些不是很稳定的,具有多种语法功能,由于完成体貌系统成员的相互压制及个别词语功能的确定,有一些词逐渐不表完成义了,随着一些成员的退出,其他成员使用频率逐渐增高,功能就更稳定了。"过₁"在唐宋出现频率很低,后随着"却""将""取"等完成体貌标记逐渐退出完成体貌系统,"过₁"的出现频率逐渐增高,到现当代汉语中,受到动态助词"了"和完成动词"完"的压制,"过₁"的使用频率又有所降低。当然,"过₁"使用频率低的另一原因,是受"过₂"的影响,现当代汉语中,"过₂"的使用频率越来越高,"过₁"使用频率越来越低,这也是词义内部系统的压制。

第五章 "过$_2$"的语法化历程研究

相对于"过$_1$","过$_2$"研究的热度很高。在现代汉语中,"过$_2$"的使用频率明显高于"过$_1$",并且"过$_2$"组合结构类型也较为复杂,值得研究。为了更深入地了解动态助词"过$_2$",我们有必要从共时角度,先将"过$_1$"和"过$_2$"进行比较,比较之后才能清晰地把握"过$_1$"与"过$_2$"之间的差别,才能更好地从历时的角度去分析"过$_2$"的语法化历程。

第一节 "过$_1$"与"过$_2$"的差异

孔令达(1985)、刘月华(1988)、房玉清(1992)、张晓铃(1986)、吴云(2004)、史文雯(2013)曾对"过$_1$"与"过$_2$"进行比较,结合各位学者的论述,我们分析一下"过$_1$"与"过$_2$"的差异。

一 语法意义上的异同

"过$_1$"表示动作完成(完结),其意义跟时间没有关系,"过$_1$"可用于过去,亦可用于现在与将来。它主要是强调一个事件的终结,是一个有始有终的过程。

(1) 吃过饭,他就走了。(用于过去)
(2) 我已经吃过了,咱们走吧。(用于现在)
(3) 等扫完了院子,洗过脸,我再去。(用于将来)

"过$_2$"表示曾经发生某一动作或存在某一状态,其着眼点是整个事件,而不关注事件的具体过程。"过$_2$"常与过去相关联,孔令达(1986)

指出与"过₂"相联系的"过去"的意义具体包括三种情况：事实的过去、将来的过去和假设的过去。

"事实的过去"指的是事情已经成为事实，发生在说话时之前，是"过₂"最基本的用法。"将来的过去"是指从将来某一时刻的角度来看的"过去"，这种情况下的"过去"不一定在现在已经成为过去，但是从将来的角度来看是过去的。"假设的过去"是指假定某一情况中某事已经成为过去。

（4）我自己也零零散散地读过一些篇章，每每因一些数据和分析而感到震撼。

（5）1999年上过大学的人将比现在多上一倍。

（6）那声音叹了一声："你真固执，她如果到过这里，我们一定有记录。……"

（7）我小的时候，要是读过这样一本书，世界将会如何的不同啊！

例（4）"读过一些篇章"发生在我写作之前，是已经发生的事实，是"事实的过去"。孔令达（1986）指出例（5）是就说/写者完成话语的时刻来说的，"上过大学"不一定完全是过去时的，因此说这种"将来的过去"对于事情在现在是否完成没有要求，而从将来某一时刻来看，事情已经成为过去。例（6）、例（7）是对发生（过去）事件（"到这里""读这样一本书"）的假设，表示如果存在这样的事件，将会产生什么样的影响。

二 句法形式上的差异

句法形式上的差异，我们可以从词语搭配、句式搭配、与谓词组合方面进行说明。

（一）词语搭配上的差异

"过₁"后常与"了"连用，带"过₁"的动词前经常出现"已经"。而"过₂"不与动态助词"了"和语气助词"了"同现。带"过₂"的动词前常出现"曾经""曾",有时虽然不出现"曾经",但从语义上来看可以加"曾经",或其他词语隐含"曾经"的意思。

(8) 你吃过饭了吗?

(9) 她说:"我曾为那地方着迷过。"

(10) 割风这老头,以前当过公证人,是一个那种坚定有把握的乡下人。

例(8)"过$_1$"与"了"共现,例(9)"曾"与"过$_2$"共现,例(10)"以前"与"过$_2$"共现。

"过$_2$"后可以出现"一次""一天"等数量结构,表发生事件的时量或动量,"过$_1$"不行。

(11) 他来过两次。

(12) 我的丈夫说要等我长大!这个"呆子",连我的脸都没碰过一下!

(13) 前几天冷过一阵,这两天又热起来了。

例(11)"两次"表示"来"的次数,例(12)"一次"表示"碰"的次数,例(13)"一阵"表示"冷"持续的时量。

带"过$_2$"的动词前可以出现"没","过$_1$"不能。

(14) 无人敢上前劝阻,人人痛哭失声,眼泪都夺眶而出,只有他一个人例外,伍穷没有哭过。

(二)句式搭配上的差异

"过$_1$"常用于表前项的短语或分句中,构成紧缩句或复句,[(施事)+V$_1$+过$_1$+(其他)$_{(,)}$+V$_2$],在此,"过$_1$"语义相当于"完","过$_1$"后"了"可自由隐现,而"过$_2$"不能出现在此句式中。

(15) 我吃过饭再去找你。

(16) 地面部队的阅兵式已彩排过，空军将有 52 架战斗机和 29 架直升机参加阅兵式并进行空中表演。

"过$_2$"可用于被动句中，而"过$_1$"很少用于被动句中。

(17) 夏天的夜晚，我们在湖中漫步或在堤边浅草中坐卧，好像都没有被蚊子咬过。

(18) 只是，我从来没有这么被打击过。

(三) 与谓词组合上的差异

1. 可以与"过$_1$"同现的谓词

"过$_1$"表示特定动作的完结，可以同现的都是表示动作的动词，如吃、喝、唱等。"过$_1$"一般不与形容词结合。刘月华（1988）指出非动作动词（如是、同情、会等）、不表示具体动作或由不止一个具体动作构成的动作动词（如培养、发生等）、非自主动作动词（如咳嗽、上冻等）、书面色彩较浓的动词（如印刷、著）、大部分趋向动词（如下、起等），还有动补式动词及动补短语（如掏出、写完等）一般很难与"过$_1$"结合。

那为什么"过$_1$"不能与这些动词组合，究其原因与"过$_1$"的特性有关，"过$_1$"表示特定动作完结，此动作事件完结后再去进行另一事件。非动作动词和不表示具体动作或由不止一个具体动作构成的动作动词不涉及"完结"，即"是""会""发生"等没有"完结"；非自主动作动词常是不可控的，而"完结"常与人的意志有关，像感冒时"咳嗽"有时是不可控的，"上冻"为自然现象，也不是人想去"上冻"，所以不能带"过$_1$"；书面色彩较浓的动词，如"著"不可带"过$_1$"，这是因为具体动作常是生活化的，词语也常是口语化的；可能是受"了$_1$"和"过$_2$"的影响，"过$_1$"很难与大部分趋向动词组合，如表示"下楼"完成的表达是"下了楼"，若说"下过楼"表示曾经发生的事情，"过"是"过$_2$"；动补式动词及动补短语语义上本身蕴含着事件终结点，所以没有必要带"过$_1$"。

2. 可以与"过₂"同现的谓词

可以与"过₂"同现的有动词、形容词、动词短语等，其中动词不仅可以是动作动词，也可以是状态动词。

（19）我从前也有过一个女朋友，后来分手了，做梦常常是见到她的，醒来后一笑置之，我并不再爱她，然而因为静的缘故，入梦的往往是她。

（20）文魏子敏爱过、恨过、哭过、笑过、体会过、付出过，四年时光荏苒，临近毕业，总有些离愁别绪，怀念起美好的大学生活。

（21）我想，这种感觉会消失的，我希望这种感觉会消失，我想摆脱汉娜，但是，这种不对劲的感觉从未消失过。

（22）建设商城并没有准确的市场定位，其间百货、家具、音像市场都搞过。

（23）我也不爱出门了，尤其是天黑后几乎没有出去过。

（24）他唱的歌词我却从未听过，后来也没有再听到过。

除此之外，笔者还发现"过₂"可以处于介词短语中。

（25）我发誓，我只为过一个女人流过泪。即使我为过你流泪，为过你四处奔波，甚至曾经把那一切当作了爱情。

刘月华（1988）指出与"过去曾然，现在已不然"相配合的动词或形容词，后面才能用"过₂"，即表动作或状态可以改变的动词或形容词，后才可加上"过₂"。如果动词或形容词所表示的动词或状态不可改变，就不能用"过₂"。分两种情况：其一，如果一个动词所表示的动作对当事者来说是必然的，而且在该事物存在期间只有一次，就不能用"过₂"。例如一个人必然要出生而且只出生一次，所以不能说"这个孩子去年出生过"。其二，认知意义动词。认知意义动词表示一种不可改变的状态。比如一个人认识了另一个人，一般来说就不会不认识他了。一般不能说："我认识过他。"刘月华也指出在否定句中上述两类动词可以与"过₂"同现。

龚晨（2009）认为"形容词+过"结构主要分布在"（名词+）形容词+过""形容词+过+时量/动量""形容词+过+名词"环境中。

（26）曾经没大没小地幼稚过，终于懂得团结奋进……

（27）原来这些异邦游客，坐着长途车上高原，家人和朋友就没安心过几回。

（28）全家和睦相处，从未红过脸。

龚总结了"形容词+过"出现环境及语义比较，详见表5-1。

表 5-1 "形容词+过"出现环境及语义比较

基本形式	举例	过去经历	存续时间	实现频率	表使动
形容词+过	年轻过	+	-	-	-
形容词+过+时量/动量	艰苦过几年	+	+	-	-
	骄傲过一回	+	-	+	-
形容词+过+名词	低过头	+	-	-	+

注："+"表示"过"字结构具备某一语义特征；"-"表示"过"字结构不具备某一语义特征。

三 "过₁"和"过₂"语用对比

(一)"过₁"的语用分析

刘月华（1988）指出"过₁"具有特殊的表达功能，对语境有特殊的要求："过₁"前动词所表示的动作及所涉及的事物，必须是已知信息。

（29）待了一会儿，他出神地望着我，轻轻地说："我可以叫你阿娟吗？""你已经叫过了。"我点着头说。

刘认为，"过₁"经常出现在有规律的动作动词后。例如，对每个人来说，一般每天吃三顿饭，早上要洗脸、刷牙，晚上要睡觉，上下课要打铃，在公共汽车上乘客要买票，熟人见面要打招呼，等等。对听话人来说,在交代清楚语境之后,上述动作就不是陌生的,自然就属于已知信息,可以用"过₁",如"略一领首,便算打过招呼"。另外有规律地表示具体动作的动词,在人的生活认知范畴里,常是有序的,有序的一系列动作事件在时间上呈现先后顺序,常是先完成一个动作事件再去做另一个动作事件,那么前一个动作事件中动词后就可以带"过₁"表完成。

王丽红(2011)认为"过₁"具有参照功能,可以分成以下几种情况。

一是用表示时间的词来标志参照功能。

在当代语料中,"过₁"后有"以后""之后"等,在明清语料中,"过₁"后"以后"等表时间的词出现次数较少,在"过₁"所在分句的前面或后面,有表承接的"先""便""等/待""既"等表时间先后顺序的副词。

(30)待他看过脉,吃两种药,就好了的。(兰陵笑笑生《金瓶梅》)

二是不用表示时间的词来标志参照功能。

不用表示时间的词,根据上下文,我们可以看出,"过₁"所在的分句具有时间参照的功能。

(31)贾母正和他说话呢,于是二人见过,辞了贾母。(《红楼梦》)

跟后续句中动作发生时间相隔太长,或没有明显的时间先后关系。

(32)酒尽,也筛一杯,敬奉爱姐吃过。两人坐定,把酒来斟。(兰陵笑笑生《金瓶梅》)

(二)"过₂"的语用分析

与"过₁"的时间参照功能相比,"过₂"往往用来解释说明,不具有时间参照功能。在存在"过₂"的语句中,"过₂"前的动作或状态与正所谈之事具有某种关系,或对所谈之事有影响,这也是"过₂"被称为经历体的原因。

刘月华、潘文娱、故铧（2004）在《实用现代汉语语法》中曾举过一段对话：

（33）小张：小李，你去过香港吗？
小李：去过。什么事？
小张：我星期日去香港，需要带毛衣吗？
小李：不需要，那儿已经热了。

刘月华等解释说，小张问"你去过香港吗"，绝不仅仅想知道小李是否去过香港，他想知道与"香港"相关的事，所以小李回答说"什么事？"因此，"过$_2$"前动作行为与当前正在谈论的事情有关系，或前者对后者有影响。如果小李回答了小张的第一句问话以后就不说话了，小张一定会感到奇怪，这说明在上述语境中，"过$_2$"所在语句是语意上不能自足的句子，所以后又有问询星期日去香港需不需要带毛衣这样的话。

刘月华（1988）认为说话人用"过$_2$"时，总是为了说明、解释什么。包含"过$_2$"的语句总是与另一相关句相联系。"过$_2$句"与"相关句"的关系可概括为两种。

一是通过曾发生动作或状态（"过$_2$句"）来说明事理（"相关句"）。二者之间不少存在明显因果关系。

（34）我吃过媒人的亏，所以知道自由结婚的好。

二是"过$_2$句"的作用在于说明人、事物及其间的关系。说话人通过具体的经历（"过$_2$句"）来说明较为抽象的事理，说明人的性格、品德、能力等。

（35）他是有着那样一种命运的人，有过受尊敬的幸福，有过被鄙夷的痛苦，他懂得人需要尊严。

例（35）通过"有过受尊敬的幸福，有过被鄙夷的痛苦"这样具体的经历说明"他懂得人需要尊严"。

这只是现代汉语中"过₁""过₂"的区别,然在古汉语定会有不同的地方,如"动词1+过₁+动词2"中,"动词1"类型也分多种,如"已死过许多时,则怕尸气扑着你也"(《杂剧·死生交范张鸡黍》),"死"没有具体动作,为瞬间完成的动词。但古代汉语"过₁""过₂"的大部分情况在现代汉语中都有存留。

四 过₁、过₂的认知类型对比

"过₁""过₂"所在事件类型不同,"动词+过₁"表示完成一个事件,再去做另一事件,两个事件常是同一类型的动作事件,在时间上具有先后顺序,"动词+过₂"表示曾经发生某事,这种事件常是背景事件,此事对现在所谈所做之事有影响(见图5-1)。

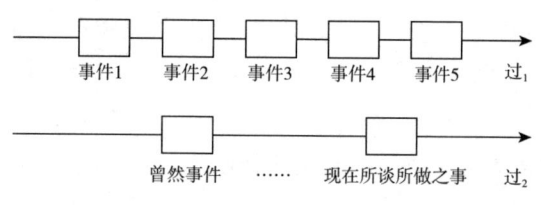

图 5-1 过₁、过₂的认知类型对比

Talmy(2000)认为,视点距离是指视点与所观察的实体之间的距离。采用远距离的视点,就会出现注意力较大范围的辖域、被相对压缩的实体、粗略的构型和较少的细节之间概念的相互关联;而采用近距离的视点,就会出现注意力较小范围的辖域、被增大化的实体、较为精细的构型和更多的细节之间概念的相互关联。因此,他总结了一套视点模式。整体性模式:采用静止的远距离的视点,与全局性的注意力辖域相结合。顺序性模式:采用运动的近距离的视点,与局部性的注意力辖域相结合。[此处引自王丽红(2011)]

王丽红(2011)认为,语法化到了"过₂"这个阶段,我们已经观察不到"V+过"的过程或者起点、终点这些细节或细节之间的关联,人们在观察"过₂"时采用的是一种无限远的视点,全局性的注意力辖域。当事件发生在一个广域的时空背景中时,这个事件就沉淀成为一种静态,从而可以表达一种过去的经历,即"过₂"的语法意义。

我们再看"过₁","过₁"常处于在时间上先后发生的两个事件的背景事件中,临摹了认知过程"背景+目标"的先后顺序,形式上为"动词1+过₁+(动词2)"格式。其视点模式是近距离的具有顺序性的运动的视点模式,人们观察到的是具象时空的事件完结,关注局部的具体的过程,常是几个具体的动作事件,每一个事件动作都具有有界性。

第二节 "过₂"的语法化历程

现代汉语中"过₂"是经历体,"过₂"是如何产生的,我们有必要对其产生过程进行梳理。

曹广顺(1995)、林新平(2006)、彭睿(2009)、王丽红(2011)认为"过₂"是"过₁"语义语用上的进一步引申演变,时间上要晚于"过₁"。

判断"过₂"在形式上有一条标准,"过₂"与表"曾经"义词语共现,或句中隐含"曾经"义。笔者在汉代、魏晋南北朝时期语料中发现"尝/曾+动词+过"结构,语例如下。

(1)荆轲尝游过榆次,与盖聂论剑,盖聂怒而目之。(《史记·刺客列传》)

(2)王子猷尝行过吴中,见一士大夫家极有好竹,主已知子猷当往,乃洒扫施设,在听事坐相待。(《世说新语·简傲》)

(3)直阁元罗,领军叉弟也,曾行过中山,谓世弼曰:"二州刺史,翻复为郡,亦当恨恨耳。"世弼曰:"仪同之号,起自邓骘;平北为郡,始在下官。"(《魏书·列传》)

在这些语句中"尝""曾"表"曾经","过"仍表"经过""到",是实义动词,并未虚化,如例(1)在语句上也可断句为"荆轲尝游,过榆次",与"周穆王北游过其国,三年忘归。既反周室,慕其国,惆然自失"(《列子·汤问》)相同,为"出游""经过"某地,是连动结构。例(2)和例(3)中的"过"是"行"的补语,语法地位有所下降,但未虚化。我们还可以从与"过"组合的动词出发进行分析,"游""行"为位移性动词,"过"后有处所名词(榆次、吴中、中山),说明例(1)、例(2)、例(3)中的"过"仍为动词,表"经过"或"到"义。

曹广顺《近代汉语助词》中举过一个例子:

(4)师曰:"阇黎什么处人?"云:"邓州人。"师曰:"老僧行脚时曾往过来。"(《大藏经》卷四七《筠州洞山悟本禅师语录》)

曹广顺指出唐代"过"也出现了个别表示"过去曾经有过这样的事情"或"已有的经验"的用法。例(4)中的"往过(邓州)",犹如现代汉语中说"去过北京"一样,是表示曾经有过某种经历或经验,但类似的例句直到晚唐五代都很少见,曹广顺也认为在当时似乎还不足以构成一个小类。

在《入唐求法巡礼行记》卷二有如下一例:

(5)从山谷西北行廿五里,见过一羊客驱五百许羊。

"过"疑似"过$_2$",刘坚等在《近代汉语语法资料汇编·唐五代卷》中指出"见过一羊客驱五百许羊"之"过"传本作"遇"。杨永龙(2001b)认为此例中"过"是动词,笔者也持相同观点。

一 "过$_2$"产生的初始阶段

(一)宋代之"过$_2$"

笔者认为"过$_2$"产生于宋代,应晚于"过$_1$",使用频率不高。

(6)行者曰:"我年纪小,历过世代万千,知得法师前生两回去西天取经,途中遇害。法师曾知两回死处无?"(《大唐三藏取经诗话》)

(7)又如太史公书,不知周公一一曾与不曾看过?(程颢、程颐《二程集》)

第五章 ◇ "过₂"的语法化历程研究

在南宋时期,"过₂"出现较为集中的文献是《朱子语类》,据笔者统计在两百多万字的《朱子语类》中"过₂"共出现了23例,根据"过₂"与动词的组合情况,归类如下。

1. 动词+过₂

(8) 今人口略依稀说过,不曾心晓。(黎靖德《朱子语类》)

(9) 看文字须子细。虽是旧曾看过,重温亦须子细。(黎靖德《朱子语类》)

(10) 大雅云:"观曾子问一篇,许多变礼皆理会过,直如此细密,想见用工多。"(黎靖德《朱子语类》)

(11) 曰:"……所以圣人不胡乱说,只说与曾子、子贡二人晓得底。其他如'吾欲无言'之类,略拈起些小来说,都只是轻轻地说过,说了便休。若只管说来说去,便自拖泥带水。"(黎靖德《朱子语类》)

(12) 某尝问季通:"康节之数,伏羲也曾理会否?"曰:"伏羲须理会过。"(黎靖德《朱子语类》)

(13) 圣人所说卦爻,只是略略说过。(黎靖德《朱子语类》)

(14) 问:"孝经一书,文字不多,先生何故不为理会过?"(黎靖德《朱子语类》)

(15) 旧来有明经科,便有人去读这般书,注疏都读过。(黎靖德《朱子语类》)

(16) 伊川快说禅病,如后来湖南龟山之弊,皆先曾说过。(黎靖德《朱子语类》)

(17) 盖为是身曾亲经历过,故不敢以是责人尔。(黎靖德《朱子语类》)

(18) 先生曰:"某而今方见得盐钱底里,与郡中岁计无预。前后官都被某见过,无不巧作名色支破者。古者山泽之利,与民共之;今都占了,是何理也!合尽行除罢,而行迫无及矣!"(黎靖德《朱子语类》)

(19) 此个心,须是管著他始得。且如曾子于礼上纤细无不理会过。(黎靖德《朱子语类》)

(20) 圣人虽是生知,然也事事理会过,无一之不讲。(黎靖德《朱子语类》)

"过"的语法化及相关句式研究

（21）先生曰："如孝弟等事数件合先做底，也易晓；夫子也只略略说过。如孝弟、谨信、泛爱、亲仁，也只一处恁地说。若是后面许多合理会处，须是从讲学中来。不然，为一乡善士则可；若欲理会得为人许多事，则难。"（黎靖德《朱子语类》）

（22）诸公且自思量，自朝至暮，还曾有顷刻心从这躯壳里思量过否？（黎靖德《朱子语类》）

（23）神宗事事留心。熙宁初辟阔京城至四十余里，尽修许多兵备，每门作一库，以备守城。如射法之属，皆造过。但造得太文，军人划地不晓。（黎靖德《朱子语类》）

（24）某旧时这般文字，及了斋集之类，尽用子细看过。其有论此等去处，尽拈出看。（黎靖德《朱子语类》）

（25）圣贤法言无一非实用，桧只作好说话看过。平生如此，宜其误国也。（黎靖德《朱子语类》）

2. 动词+过$_2$+宾语

（26）若是洁矩底人，必思许多财物，必是侵过著民底，满著我好，民必恶。言财用者，盖如自家在一乡之间，却专其利，便是侵过著他底，便是不洁矩。（黎靖德《朱子语类》）

（27）学者须先读《诗》《书》他经，有个见处，及曾经历过此等事，方可以读之，得其无味之味，此初学者所以未可便看。（黎靖德《朱子语类》）

3. 动词+宾语+过$_2$

（28）如今不曾经历得许多事过，都自揍他道理不著。（黎靖德《朱子语类》）

4. 动词+过$_2$+时量补语

（29）曰："然。士不幸遇乱世，不必仕。如赵台卿乃于杜子宾夹

壁中坐过数年，又如蔡邕，更无整身处。"（黎靖德《朱子语类》）

5. 动词+过₂+来

（30）圣人说底，是他曾经历过来。（黎靖德《朱子语类》）

"过₂"表示曾经经历过某事，经常是很久以前的事，所以句中常存在表示过去时间的词语，如例（9）"虽是旧曾看过，重温亦须子细"，"旧"为时间名词，表事件发生的时间，"曾"为时间副词，表曾有的经历，在此与"过₂"一起表示曾经有"看过"的经历，后小句转折"重温亦须子细"，说明如何去做。除了"旧""曾"，还有"旧来"，如例（15），都表示经历事件的时间。在语料中，还存在一个表示"曾经"的助词"来"，如例（30）"经历过来"，曹广顺（1995）指出"来"的基本功能就是指明一个事件是已经发生过的，是"曾经"的。由于助词体系中有"来"存在，就会把"过"的使用限制在表示"曾经"之外的句子中，减少了它出现的机会。"来"的影响在宋代依然存在，在《朱子语类》中，如果要叙述在历史上出现过的某一事件，一般既用"过"，也要在其后再加上一个"来"，以强调"曾经"，显示出助词体系对系统内助词功能与发展的一种制约作用。除此之外，表示时间上的曾然经历，有时运用时量补语格式，如例（29）"坐过数年"，此句用"赵台卿"事件来解释说明"士不幸遇乱世，不必仕"。

"过₁"前的动词经常是表示具体动作的动词，而与"过₂"组合的动词很广，在《朱子语类》中，有具体动作动词"说""看""读""见""坐"；非具体动作动词"侵"（"侵"的方式有多种）、"造"（可"造"的物品很多，"造"的方法也很多）、"经历"，这些动词内部蕴含多种具体动作；心理动词"理会""思量"，这些动词与"过₂"组合在一起表示曾经的事件。

从句法结构上看，动词与"过₂"组合的结构和动词与"过₁"组合的结构类似，基本上都是以"动词+过"为主，在《朱子语类》中"动词+过₂"语例有18例、"动词+过₂+来"1例、"动词+过₂+宾语"2例、"动

97

词+宾语+过$_2$"1例、"动词+过$_2$+时量补语"1例。在句法格式上，我们发现"动词+过$_2$"处于被动句中，如例（18）"前后官都被某见过"，被动句常用于描述以前发生的事情。

（二）元代之"过$_2$"

"过$_2$"在元代继续使用，其使用频率有所提高。

（1）周景远先生，驰名能文。为南台御史时，分治过浙省。（陶宗仪《南村辍耕录·御史五常》）

（2）北边万户、千户、谋克等，历过军功及年老放罢给赏之例，迁官同从吏部格，正千户管押万户，勾当过一十五年，迁两官与从五品。（《金史·志第二十五》）

（3）五年四月，省奏："旧随处酒税务，所设杓栏人，以射粮军历过随朝差役者充，大定二十六年罢去，其随朝应役军人，各给添支钱粟酬其劳。今拟将元收杓栏钱，以代添支，令各院务验所收之数，百分中取三，随课代输，更不入比，岁约得钱三十余万，以佐国用。"（《金史·志第三十》）

（4）七年，制内外三品官遇拟注，其历过成考以上月日，不曾迁加，或经革拨，可于除目内备书以闻。（《金史·志第三十五》）

笔者考察《全元曲》得"过$_2$"58例，部分举例如下。
1. 动词+过$_2$+（语气词）

（5）师父已曾说过，弟子真个忒愚迷。（范康《杂剧·陈季卿误上竹叶舟》）

（6）住者！贤士不曾饮过哩，须贾，你怎敢先饮？（高文秀《杂剧·须贾大夫谇范叔》）

（7）天下路程，我都曾走过。（乔吉《杂剧·玉箫女两世姻缘》）

（8）妾曾会过，见时尚自认的。（乔吉《杂剧·玉箫女两世姻缘》）

（9）汉家聚十八路诸侯，不曾得某半根儿折箭。别的诸侯都与我交锋过，惟有长沙太守孙坚不曾与某交战。（郑光祖《杂剧·虎牢关

三战吕布》）

2. 动词+过₂+的+（NP）

（10）汉相如有朝归故乡，卓文君多曾亲见睹，一星星自把衷肠诉，将我这受过的凄凉慢慢的数。(陈克明《粉蝶儿·怨别》)

（11）我受过的辛苦缘何不知！(狄君厚《杂剧·晋文公火烧介子推》)

（12）将你那在先手下操练过的头目每选拣几个，收捕草寇。(王实甫《杂剧·四丞相高会丽春堂》)

（13）你看举头日远长安近，则把这读过的经书自温。(《杂剧·孟德耀举案齐眉》)

（14）这都是我大秤称过的。(石君宝《杂剧·李亚仙花酒曲江池》)

3. 动词+过₂+宾语

（15）但小生十载寒窗，受过多少辛苦，如今正想做官，说不得这等迂阔话哩。(范康《杂剧·陈季卿误上竹叶舟》)

（16）你道这三位都是做官的，小生在史书上也曾见来，可是你这道者也做过官那？(范康《杂剧·陈季卿误上竹叶舟》)

（17）美妇人我见过万千向外，不似这小妮子生得十分愈赖。(关汉卿《杂剧·感天动地窦娥冤》)

（18）都是无廉耻卖买人，有过犯驵侩徒，倚仗着几文钱百般胡做，将官府觑得如无。(刘时中《端正好·上高监司》)

（19）那一个出家儿害过相思病？(石子章《杂剧·秦修然竹坞听琴》)

（20）请问大人，不知可曾祭过神道不曾？(杨显之《杂剧·临江驿潇湘秋夜雨》)

（21）母亲田氏，是受过诰封的夫人。(《杂剧·冯玉兰夜月泣江舟》)

99

4. 动词+过$_2$+宾语+来

(22) 你曾说过誓嫁我来。(关汉卿《杂剧·赵盼儿风月救风尘》)

(23) 我也做过财主来,如何今日听人叫?(石君宝《杂剧·鲁大夫秋胡戏妻》)

5. 动词+过$_2$+宾语1+宾语2

(24) 二年前与荆楚臣作伴,俺家使过他数十锭花银。(贾仲明《杂剧·荆楚臣重对玉梳记》)

6. 动词+过$_2$+宾语1+宾语2+来

(25) 学士,小姐说,起初时,他曾拜你做哥哥,你受过他礼来。(关汉卿《杂剧·温太真玉镜台》)

在《全元曲》中,与"过$_2$"共现(含前语境)最多的是时间副词"曾",共出现13次,"曾经"和"已曾"皆出现1次,除此之外,还有时间名词"当初""从前"、表时间的短语"二年前"、介词结构"从小里"来表示曾然事件时间。

从事件结构上来看,一是"过$_2$"所在语句表曾然事件,这事件可以是言语者向别人讲述自己或他人的经历。

(26) 多情弄玉,若见吹箫伴侣,慢慢的说俺从前受过的苦。(《南吕·一枝花》)

(27) 记得当初,也曾经恶雪霜风,受过无数苦。(贾仲明《杂剧·吕洞宾桃柳升仙梦》)

二是用曾然事件对刚发生的事件进行评价说明。

(28) 且慢者。恰才他摆过的阵势,都是我在山中操练过的。我

下山来这三年光景,则怕俺那师父别教与他什么兵书战策。则除是恁的。(《杂剧·庞涓夜走马陵道》)

(29) 今日个得见多情女艳娇,将我这受过的凄凉忘了。(汤舜民《新水令·秋夜梦回有感》)

(28) 后语境信息是对前一小句"恰才他摆过的阵势"进行说明;(29) 后一小句用曾然事件说明前一小句事件引发的结果。

三是前景事件表示曾然事件,后面语句对前景事件进行说明。

(30) 你娘使过我偌多银两,准折了两家罢。(贾仲明《杂剧·荆楚臣重对玉梳记》)

(31) 圣人可怜,将老夫赔过赃三千贯尽给还老夫,一则上不违朝廷法例,二不费百姓之劳。(关汉卿《杂剧·山神庙裴度还带》)

《全元曲》中动词与"过$_2$"的组合情况,从组合动词上来看,动词可以分为具体动作动词,如饮、说、见、看、走、会、称、读;非具体动作动词(语义范围广),如受、做、使、赔、用、害(得病义)、操练、记、祭、交锋、交;存在动词,如有。在这些动词中,"受"出现频率较高,"受过"宾语为"多少辛苦""无数苦""忧危""凄凉""苦",所修饰成分为"凄凉""辛苦""苦辛""坎坷""苦""相思",这些结构中,"受"表示"遭受""经受",其后常是"不好的经历",而在"受过他礼"中"受"表"接受"义,"接受"的是具体的受事"礼",在"受过诰封"中"受"也表"接受"义,然而"接受"的是抽象性的受事"诰封"。

在《全元曲》中动词与"过$_2$"的组合形式要比宋代《朱子语类》复杂,"动词+过$_2$+宾语"语例增多,在动词后还出现双宾语的情况。组合情况如下:"动词+过$_2$+(语气词)"8例、"动词+过$_2$+的+(NP)"16例、"动词+过$_2$+宾语"26例、"动词+过$_2$+宾语+来"2例、"动词+过$_2$+宾语1+宾语2"5例、"动词+过$_2$+宾语1+宾语2+来"1例。

二 "过₂"的成熟发展阶段

从明代开始,"过₂"的出现频率逐渐增多。据谢晓晖(2010)统计,《西游记》中有"过₂"46 例,分别出现在"V+过₂"(7 例)、"V+过₂+O"(39 例)中。王华(2007)认为《水浒传》中共有"过₂"10 例,其中"动词+过₂+宾语"8 例、"动词+过₂"2 例。明清时期动词与"过"组合的次数很多,对此时期书籍中的"过"展开研究的有如下几位研究者。李妍(2006)统计明代《金瓶梅》中出现"过₂"25 例。《红楼梦》中"过₁"共出现 143 次,与之搭配的动词共计 51 个,"过₂"共出现 338 次,与动词搭配 335 次,与之搭配的动词共计 114 个。据李守江(2008)统计,动态助词"过"在《儿女英雄传》中运用了 374 次,其中"过₂"用了 181 次。据巢颖(2005)统计,《三遂平妖传》中"过₂"出现 4 次,其中"动词+过₂+宾语"2 次、"动词+过₂"1 次、"动词+宾语+过₂"1 次。据魏娜娜(2014)统计,《长生殿》中出现"过₂"8 例,具体出现在"V+过₂"、"V+过₂+O"和"V+O+过₂"中。据王淇(2014)统计,《儒林外史》出现"过₂"146 例,"过₂"的语法格式主要有"动+过""动+过+宾""动+过+了/的""动+过+的+宾""动+过+了+宾"5 种,其中"动+过"有 25 例、"动+过+宾"96 例、"动词+过+了/的"有 23 例、"动+过+的+宾"有 2 例。出现的频率代表人们使用"过₂"的程度,也是笔者将明清时代定为"过₂"语法化成熟阶段的原因。

(一)明代之"过₂"

明代文献笔者统计了《初刻拍案惊奇》中的"过₂",共出现 35 次,部分举例如下。

1. 动词+过₂+(的)

(1) 只见主人笑嘻嘻的对文若虚说道:"有一事要与客长商议:价银现在里面阁儿上,都是向来兑过的,一毫不少,……"

(2) 程元玉仔细看来,也象个素相识的,却是再想不起,不知在那里会过。

(3) 青霞对秀士道:"此丈便是吾师所重程丈,我也多曾与你说过的。"

2. 动词+过$_2$+的+NP

  （4）船中人多上岸。打一看，元来是来过的所在，名曰吉零国。

3. 动词+过$_2$+宾语+的

  （5）众人多是做过交易的，各有熟识经纪、歇家、通事人等。
  （6）吴大郎风月场中招讨使，被窝里事多曾占过先头的。

4. 动词+宾语+过$_2$+的

  （7）兴儿是做小厮过的，见了官人，不免磕个头下去。
  （8）岂知渐渐有人晓得他曾做仆射过的，此时朝政紊乱，法纪废弛，也无人追究他的踪迹。

5. 动词+过$_2$+来

  （9）玄宗道："尊师几时曾见过来？"
  （10）王部郎接了手本，想了一回道："此是何人，却来见我？又且写'门下走卒'，是必曾在那里相会过来。"
  （11）对浑家道："这陈德甫名儿好熟，我那里曾会过来，你记得么？"

6. 动词+补语+过$_2$

  （12）阮太始道："此老是诸暨一个极忠厚长者，与学生也曾相会几番过的。……"

除《初刻拍案惊奇》外，在明代其他语料中，也存在"过₂"的其他组合类型，如下。

7. 动词+过₂+宾语+来

（13）说起来，守备老爷前者在咱家酒席上，也曾见过小大姐来，因他会这几套唱，好模样儿，才出这几两银子。（兰陵笑笑生《金瓶梅》）

（14）张胜说："小的曾禀过奶奶来，奶奶说且教他去着，小的才放他去了。"（兰陵笑笑生《金瓶梅》）

8. 动词+过₂+宾语+补语

（15）是夜就在草房中宿歇，依着道人念过五字真言百遍，倒翻身便睡。（凌濛初《二刻拍案惊奇》）

（16）玳安道："他在庙上曾见过六娘一面，刚才想着，就画到这等模样。"（兰陵笑笑生《金瓶梅》）

9. 动词+过₂+补语+宾语

（17）以后遇着小童，只央及他设法再到里头去见见，无过把珠宝做因头，前后也曾会过五六次面，只是一揖之外，再无他词。（凌濛初《二刻拍案惊奇》）

10. 动词+过₂+宾语1+宾语2

（18）又拿出五十两一封银子来，"这个是我向日曾贷过老先生些厚惠，今积了些体资奉偿，以全终始之交。"（兰陵笑笑生《金瓶梅》）

（19）西门庆道："便是。你大娘吃过人家两席节酒，须得请人回席。"（兰陵笑笑生《金瓶梅》）

《初刻拍案惊奇》中的"过$_2$"与元代语料类似,但也有不同的地方。我们发现在"动词+过$_2$"后常有表示肯定语气的语气助词"的",这种情况共出现 14 次。位于句末表曾然的助词"来"在明代依然使用,共出现 3 次。在动词和"过$_2$"中间还存在宾语、补语,然而从语法功能上来讲,句中的"过"表曾然,是为"过$_2$"。

(二)清代之"过$_2$"

清代文献,笔者统计了《官场现形记》中的"过$_2$",共出现 514 次,出现频率很高,而且出现的句法结构较以前出现的文献要复杂得多。

1. 动词+过$_2$

(1)州官三荷包听了抚院吩咐下来,自己思量,上司的差使倒好办,这请外国人吃饭的事情却没有办过。

(2)起先原关照过的,等到统领一醒,叫他们来知会,姊妹两个分一个过去伺候大人,免得大人寂寞。

(3)黄三溜子见他要好,便同他扳谈,说:"老兄很面善,我们好像在那里会过似的。"

例(2)"动词+过$_2$"后为语气助词"的",语气上肯定发生过一个曾然事件;例(3)"动词+过$_2$"后助词"似的"与"好像"一起表示一种不确定的曾然事件。

2. 动词+过$_2$+宾语

(4)言谈之间,王乡绅提起:"有个舍亲,姓钱号叫伯芳,是内人第二胞兄,在江南做过一任典史。……"

(5)职道自从十九岁上到省,就当的是洋务差使,一当当了三十几年,手里大大小小事情也办过不少,从来没有驳过一条。

(6)幸喜几天头里在台面上同那人早已混熟了,彼此来往过多次,那人亦曾把讨帐的话告诉过习迈彭。

(7)后来瞿耐庵到任,很寄过几百银子给这女人。

(8)那位教习晓得总是写的信上拼法不对,所以被洋人耻笑,羞的红过脖子。

（9）碰着吃酒，他却总带招弟，一直不曾跳过槽。

"动词+过$_2$+宾语"虽在清以前也出现过，但清代宾语语义类型很多，"过$_2$"后的宾语例（4）为表身份的类别宾语；例（5）为表示数量的受事宾语；例（6）为对象宾语；例（7）为受事宾语；例（8）为自变类动词"红"的处所宾语；例（9）较特殊，"跳槽"为动宾式离合词。

3. 动词+过$_2$+数量补语

（10）从前他做道台的时候，晚生曾在他衙内住过几天。

（11）后来又去过几次，也有时见着，有时见不着。

例（10）"几天"为时量补语；例（11）"几次"为动量补语。

4. 动词+过$_2$+宾语+数量补语

（12）我还记忆得两年前头，我曾到过你们贵省一趟，……

（13）羊统领本是个好色之徒，在后门时常出出进进，也见过这女孩子几面，虽然不及小戈什说的好，然而总要算得出色的了。

（14）我伺候过他的太太一年多，还有什么不晓得的。

例（12）"你们贵省"为处所宾语，"一趟"表动量；例（13）"这女孩子"为受事宾语，"几面"表动量；例（14）"他的太太"为受事宾语，"一年多"表时量。

5. 动词+过$_2$+数量补语+宾语

（15）从前走过几趟上海，大菜馆里很扰过人家两顿。

（16）后来他还找我替他弄过几回事情。

例（15）"上海"为处所宾语，"几趟"表动量；例（16）"事情"为受事宾语，"几回"表动量。

6. 动词+过$_2$+宾语1+宾语2

(17) 陶子尧一听谢二官两个字很熟，……他就接嘴说："……小的并问过他'贵姓'，他说'姓谢'。想来一定就是他了。"

(18) 老妈见主人发急，晓得事情瞒不住，只得回道："……他说他认得老爷有靠十年光景，从前老爷许过他甚么，他所以找了来的。"

(19) 华中堂是收过他一万银子古董的，见了面问长问短，甚是关切。

例（17）至例（19）中"他"为间接宾语，直接宾语分别是"贵姓""甚么""一万银子古董的"。

7. 动词+过$_2$+宾语1+数量补语+宾语2

(20) 从前几任巡抚看他上代的面子，也很委过他几趟差使。

8. 动词1+过$_2$+宾语/主语（兼语）+动词2+其他

(21) 刘颐伯亦托过藩台替他吹嘘过。

(22) 后来大家摸着他的脾气，就有一位候补知县，姓卫，名瓒，号占先，因为在省里空的实在没有路子走了，曾于半个月前头，求过贾制台赏过一幅小堂画。

9. 动词+过$_2$+的+NP

(23) 还亏了这书房里的王先生，他是曾经发达过的人，晓得其中奥妙。

(24) 大姨太太道："老爷在世，有些手底下提拔过的人，得意的很多。现在有你大少爷在此，不怕他不认，写几封信出去，同他们张罗张罗，料想不至于不理。"

明代、清代在"动词+过$_2$+的+NP"结构中,"动词+过$_2$"表曾然事件,这种结构表示有过某种经历的人。

综述以上结构,我们可以看到,《官场现形记》中"过"存在的结构要比清以前复杂。表示曾然事件的时间词(出现在"过$_2$"语句或前后文语境中的时间性名词或副词)有"曾经""从来""原来""从前""后来""一向""初""去年""当时""起先"等。

"过$_2$"的基本语法功能,仍表示经历。表曾经的经历,如例(1);前语境表原因,"过$_2$"句表结果,如例(8);"过$_2$"句表原因,后语境表结果,如例(14)。《官场现形记》中,与"过$_2$"组合的动词类型很多,有具体动作动词,如瞧、说、吃、讲、走、问、写;存现动词,如有;离合词,如受伤、打仗、拜把子、当差、跳槽;使令义动词,如托、委、嘱咐;趋向动词,如去、来、出、回;非动作动词,如伺候、交谈、受、办、考、寄;等等。

从宋代出现"过$_2$",至清代,我们可以看到"过$_2$"的使用频率是不断提高的,组合结构类型不断增多,组合的动词类型也在不断增多(见表5-2)。

表5-2 "过$_2$"组合结构类型

朝代	动词+过$_2$	动词+过$_2$+的+NP	动词+过$_2$+来	动词+过$_2$+宾语	动词+宾语+过$_2$	动词+过$_2$+宾语+来	动词+过$_2$+补语	动词+补语+过$_2$
宋代	√		√	√	√		√	
元代	√	√	√	√		√		
明代	√	√	√	√	√			√
清代	√	√	√	√			√	

朝代	动词+过$_2$+宾语+补语	动词+过$_2$+补语+宾语	动词+过$_2$+宾语1+宾语2	动词+过$_2$+宾语1+宾语2+来	动词+过$_2$+宾语/主语+V+其他
宋代					
元代			√	√	
明代			√	√	
清代	√	√	√		√

注:此表以笔者考察的语料为主,表格中空白的不代表一定没有。

其一，动词、过$_2$和宾语的组合情况。

从宋至清，"动词+过$_2$+宾语"一直存在；"动词+过$_2$+宾语1+宾语2"结构于元代出现，一直至清都在使用；在宋代、明代、清代，宾语可置于动词和"过$_2$"之间组成"动词+宾语+过$_2$"结构，笔者查阅元代语料《全元曲》《元典章·刑部》《辽史》《宋史》《金史》《元朝秘史》《全相平话·三国志》《全相平话·武王伐纣书》《朴通事》《老乞大》等，没有发现"动词+宾语+过$_2$"结构。杨永龙（2001a）曾探讨"VO 过"的地域分布，认为朱熹是南方人，记录朱熹语录的弟子也大多是南方人，因此《朱子语类》掺杂南方话是可以理解的。前面所举的明代"VO 过"例分别见于"三言两拍"、《三遂平妖传》、《型世言》，这些语料也都或多或少体现了南方话的特点，而在以北方话为基础的语料如《三朝北盟会编》《老乞大》《朴通事》中，却找不到"VO 过"例。看来"VO 过"格式主要存在于南方话中。可能是由于"VO 过"使用频率不高及使用地区的影响，在元代语料中没有发现"动词+宾语+过$_2$"语例，后随着南方方言的影响，北方方言也逐渐出现"动词+宾语+过$_2$"语例，如杨永龙（2001a）所举老舍作品的例句"她从来没有像近来关心国事过"。

其二，动词、过$_2$和"来"的组合情况。

"来"是事态助词，宋代至明代，与动词和"过$_2$"组合，清代《官场现形记》中，没有出现。笔者认为原因有二：一是事态助词"来"在清代以后的北方话中，"来"普遍变为"来着"，不过在现代的某些方言中"来"仍在使用（林立芳，1997；梁银峰，2004）；二是受已经词汇化"过来"的影响，即"过来"为一词，且没有"过$_2$"的语法功能。

其三，动词、过$_2$和补语的组合情况。

补语与动词、过$_2$的组合结构没有"动词+过$_2$+宾语"这种结构稳定，而且出现频率不高，可能与表示时量或动量的补语不是动词关联的必有成分有关。清代存在"动词+过$_2$+补语""动词+过$_2$+宾语+补语""动词+过$_2$+补语+宾语"等结构，而且这些结构在现代汉语中，也在使用，如"去过一次""去过北京一次""去过一次北京"。"动词+补语+过$_2$"的出现频率也不高，宋代《朱子语类》、元代《全元曲》及清代《官场现形记》中没有发现这种结构，在现代汉语中，拿"一次"来说，在北京语言大学 BCC 汉语语料库中，没有"去一次过"这样的组合结构。

三　现当代之"过$_2$"考察

现当代,"过$_1$"在"了$_1$""完"的挤压下,使用频率不断下降,尤其是当代。而"过$_2$"的使用频率一直很高,目前,语法学界动态助词的代表是"着""了""过",其中,"过"指的是"过$_2$"。在笔者所考察的文献中,《官场现形记》中"过$_2$"出现514例、《阿Q正传》中"过$_2$"出现23例、《骆驼祥子》中"过$_2$"出现105例、巴金《家》中"过$_2$"出现153例、《春之声》中"过$_2$"出现5例。总体来看"过$_2$"的使用频率要高于"过$_1$","过$_2$"的句法结构比"过$_1$"要复杂。

在现代语言教学中,无论是现代汉语教学,还是对外汉语教学,都会用相同的语言结构讲解"了"与"过"的区别。例如让学生区分"他去了哈尔滨"和"他去过哈尔滨"的不同,"了"便是完成体的代表词,而"过"表示有做某事的经验,成为经验体的代表虚词。这些已成为语法学界的共识。

第三节　"过$_2$"的语法化路径

从宋代语料来看,"过"和"来"应为两个词,"来"应为事态助词,另外"动词+过+来"结构出现频率很低,所以俞光中、植田均(1999)"过$_2$"是由"过来"的"来"脱落引发的观点值得商榷。另外,林新平(2006)认为杨永龙(2001b)确立"过$_{02}$"作为"过$_2$"前身及关于"过$_{02}$"的语义特征的描述存在两方面的问题。一是表已然事件的"过$_{02}$"句演变为"过$_2$"句,那表未然事件的"过$_{02}$"句又是如何演变的?表未然事件的"过$_{02}$"句显然不可能演变为"过$_2$"句。二是"过$_{02}$"强调"把V所涉及的对象(受事)从头到尾V一遍",但从杨文所举例句来看,所说的"把V所涉及的对象(受事)从头到尾V一遍"的语义特征不是"过$_{02}$"表示的,而是由动词前的状语成分或全句的语义内容来表达的,并且,"从头到尾V一遍"的语义内容似乎与判定动词后的"过"的词性没有直接的关系。笔者较为赞同曹广顺(1995)"过$_2$"衍生于"过$_1$"的说法。

第五章 ◇ "过₂"的语法化历程研究

目前，学界一般认为"过₂"的语法化路径是：

动词"过"→趋向补语"过"→"过₁"→"过₂"

动词"过"表示"经过"某一空间，即经过某个地方；在先秦两汉时期"过"与位移性动词组合，形成连动结构，动词与"过"之间的衔接不是十分紧密。在先秦时期，动词与"过"之间有时还可以有"而""以"等词。

（1）天与地无穷，人死者有时，操有时之具而托于无穷之间，忽然无异骐骥之驰过隙也。（《庄子·杂篇·盗跖》）

（2）是故别君之言曰："吾恶能为吾万民之身，若为吾身？此泰非天下之情也。人之生乎地上之无几何也，譬之犹驷驰而过隙也。"（《墨子·兼爱下》）

至魏晋南北朝时期，"过"作趋向补语，然而趋向补语既可以表趋向，同时也可表结果。

（3）十一月初入波知国。境土甚狭，七日行过。（杨衒之《洛阳伽蓝记·城北》）

例（3）中"行过"可以分析为"行"并且"经过"，"过"虽也表趋向，但笔者认为"行过"空间位移事件的完成，与"过"内部视点也有一定的关系，即有界范围的经过，"经过"边界即"行"动作的完成，逐渐衍生出"过₁"。隋唐五代时期，出现"过₁"，"过₁"前的动词为非位移性动词，"过"表示动作行为的"完成、结束"。

（4）蒙使君报云："本司检过。"（圆仁《入唐求法巡礼行记》）

随着"过₁"使用语言环境的扩大，宋代开始，表完成事件的"过₁"

逐渐演化成表"经历"或"经验"的"过$_2$"。当然,"过$_1$"过渡到"过$_2$"会存在一个歧解阶段,彭睿(2009)指出诱发"V过$_1$>V过$_2$"演变环境的应该是可以歧解为连续事件句和事理因由句的歧义性复合事件句,在南宋以前的语料中有这样的歧义性复合事件句存在,转引林新平(2006)语例:

(5)村里男女有什摩气息?未得草草,更须勘过始得。(释静、释筠《祖堂集·药山和尚》)

"得"发生于"勘过"之后,有副词"始"为标记。"勘过"意为"考测行为完毕","过"为"过$_1$"。例(5)最直接的一种解读是把"勘过"理解为"得"的背景时间信息,二者是一种"行为—结果"关系。"勘过始得"的意思为"考测他人的行为完毕后才了解到其领悟禅的深浅"。在这种情形下"勘过"极可能由"得"的背景时间信息被推理为"得"的原因或条件,即把"勘过始得"理解为"因为考测他人,所以了解到其领悟禅的深浅"。所以"勘过"在这里既可解读为连续事件句的首事件,具有事件性,也可解读为事理因由句的首事件,具有事理性。在《朱子语类》也有类似的语例。经过这种歧解阶段之后,"过$_2$"逐渐确立、稳定。

第六章 "过$_2$"的语法化动因及机制

第一节 "过$_2$"的语法化动因

语法化的动因,也可以叫诱因、原因、依据等,主要是指为什么演化,涉及可能性、前提、基础、环境、必要条件及各种可能因素(张谊生,2016)。不同的学者对语法化的动因解释各不相同,每个词语语法化的具体动因也是不同的。笔者认为"过$_2$"的语法化动因有以下几点。

一 语义表达的创新性

吴福祥(2021)《也谈语法化的机制和动因》一文总结分析了前人的理论,主张语法化的动因有四个,即效率性动因、创新性动因、互动性动因和接触性动因,其中前三个是语法化的内部动因,最后一个是语法化的外部动因。吴指出语法化的动因与人类使用语言进行信息交流的活动有关。人类在用语言进行信息交流时有一些普遍的倾向:首先,言谈参与者追求并确保信息交流的成功和效率[说的话须让别人(容易)听懂和理解];其次,言者在话语产出时往往追求创新性和表达力(说的话听起来新奇、生动、形象);最后,信息交流过程中言谈双方为保证交流的成功需要互动和协商。

语言演变不是源于语言系统本身,而是源于语言的使用过程。"过$_2$"与"过$_1$"的不同点在于"过$_2$"的语法意义表示某种经验,这种经验展现的语言环境可能是言谈者向受众传递自己的人生经历,也可能是言谈者用自己或他人的经历去评价某事、劝诫某人、解释原因等;而"过$_1$"的语法作用在于表示事件完成。人们在向受众传递自己或他人的人生经历时,常常会用已经完成的事件去说明,而完成事件的表达格式为"动词+过$_1$"结构,久而久之,在言语者与受众信息互动过程中,这种最初表完成事件的"动词+过$_1$"逐渐演化为表曾然事件的"动词+过$_2$"。

二 言语互动与语用推理

语法化的发生源于语言的使用过程,源于言语交互双方语义传递与识解互动,而互动具体表现为语用推理。

Traugott(1999)、Traugott 和 Dasher(2002)提出与语用推理相关的"语义演变的诱使性推理理论",其基本观点是:语义演变导源于话语过程中的"诱使性推理",即说话人在使用一个话语成分时,有意识地将其语用含义传递给受话人,促使受话人来推理和解读,受话人利用 R 准则(指 Grice"适量准则"中的"不过量准则")推导出"语句例意义"。如果这个作为创新用法的语句例意义扩展到更多语境,并变成特定言语社会的一种显著用法,那么该语句例意义就会通过规约化变成"语句型意义",最后语句型意义通过"语义化"变成这个语言成分新的编码意义。"诱使性推理"包含说话人的策略性行为("诱使")和听话人的反应("推理")两个方面,它是言谈事件中说话双方互动的产物(吴福祥,2021)。

"过$_2$"的产生也与言语互动和语用推理有关。人们在谈论某一话题时,有时会用自己或他人以往的经历去说明、评价话题,在表达自己或他人的经历时,运用到了"动词+过$_1$"这一完成事件,受话人结合语境解读和推理"动词+过$_1$"结构,"动词+过$_1$"受语境影响演变成"动词+过$_2$"表经历的"语句例意义",后此创新用法运用到更多言语中,"过$_2$"的语法意义逐渐规约化,变成新的语言编码。

第二节 "过$_2$"的语法化机制

张谊生(2016)认为机制是指语法怎么样演化,涉及现实性、表现、过程、状况、充分条件及各种现实因素。目前,关于语法化具有哪些机制,存在争议。吴福祥(2021)曾对国内学者的语法化机制研究作过综述。下面是国内学者的观点。沈家煊(1998)认为实词虚化机制有五种:隐喻、推理、泛化、和谐和吸收。隐喻机制只在虚化的早期阶段起作用,也就是发生在实词变为较虚实词的阶段;推理机制贯穿虚化的全过程;泛化基本上也贯穿始终,但是语素变得越虚就越不易再继续泛化;和谐和吸收两种机制只在虚化的晚期起作用,也就是发生在虚词变为更虚成分的阶段。洪波(1998,2000)认为"实词虚化的机制有两种:一是认知因素,一是句法语义因素"。孙锡信(2002)认为语法化的机制有七种:认同、弱化、移位、泛化、类推、诱化、暗喻。王寅、严辰松(2005)认为语法化的机制是重新分析和类推,其演变的方式有隐喻、转喻和主观化等。张谊生(2016)认为语法化的机制主要涉及相邻句位、泛化与虚化、隐喻与转喻、类推与反推、和谐转化、语境吸收、分界改变、重新分析、竞争更新、叠加强化等十个方面。吴福祥(2021)主张语法化的基本机制有五个,即隐喻、转喻、重新分析、类推和语法复制,其中前四个是语法化的内部机制,最后一个是语法化的外部机制。虽然各家说法不同,但是可以启发我们的思考。

"过$_2$"的语法化机制是个例的研究,不可能涉及所有语法化机制,笔者认为"过$_2$"的语法化机制包括以下几种。

一 重新分析

重新分析发生在语言横组合层面,是指在没有改变表层结构的形式的情况下,一个本来可以分析为(a,b)c的结构,由于认知角度的变化,经过重新分析,变成了a,(b,c)。即在句法结构不变的情况下,由于语用或人的理解发生变化,同一语言形式被赋予新的解读,形成新的组合方式。

"过$_2$"是在"过$_1$"基础上形成的,由于人们表达曾然事件时,将表完成的事件用作表人经历的曾然事件时,由于语境吸收,"动词+过$_1$"在人们的识解中发生重新分析,产生"动词+过$_2$"的结构。"动词+过$_1$"与"动词+过$_2$"表层结构是相同的,只是语用情境发生改变,用于曾然事件,导致深层结构重新分析,产生了新的语法形式。

二 转喻

"隐喻"是不同认知域内概念之间的投射,由"源域"内一个具体概念投射到"目标域"的一个抽象概念。"转喻"指的是同一个认知域内概念之间的"过渡",是从一个概念过渡到另一个与之相关的概念,这两个概念之间具有邻接性和索引性，在性质上有相关性。

对于"过"而言，由趋向补语（同时表趋向和结果）"过"演变成表过完成义的"过$_1$"，是从空间域投射到时间域，是隐喻机制在发挥作用。而从"过$_1$"演变为"过$_2$"是转喻机制在发挥作用，"过$_1$"与"过$_2$"都与时间存在一定的联系，即存在于相同的认知域中，存在一定的相关性。

三 泛化

泛化指实词语义的抽象化、一般化和扩大化，可分为意义的泛化和语法功能的泛化两种。"过$_1$"从唐代开始用于一事件完成再去做另一事件，或单独表示做完某一事件，不需再做什么等表示"完成"的语境中。宋代"动词+过$_1$"这一完成事件开始用于作为某种经验对所谈所做之事有影响这样的语境中，"过$_1$"使用范围扩大，语义上泛化为"经验"这样的隐含义，语义进一步弱化，语法上进一步虚化，成为"过$_2$"。那为什么会泛化呢？李于虎（2012）认为从时间性质上来讲，越是时间较远或强调在过去发生的事，主体获得的结果状态越容易失去（因为时间是一切性状的磨损剂）。在表曾然的语言环境中，"过"逐渐失去表结果的语法意义，泛化出表经验的语法意义。

四 语境吸收

语境吸收是指词语在长期使用过程中将其所处语境（上下文）表达的意义吸收，变为该词的一种常规意义（沈家煊，1998；丁健，2011；姚尧，2018）。在"过$_2$"形成之前，汉语早就存在表达曾然事件的方式，句中常有表曾然事件的标记词语，如"尝""曾"等。

（1）子食于有丧者之侧，未尝饱也。子于是日哭，则不歌。（《论语·述而》）

（2）夫龙雒侯曾为前将军，世俗顺善，厚重谨信，不与政事，退让爱人。（《史记·建元以来侯者年表第八》）

"过$_2$"是"过$_1$"语法功能进一步发展的结果，其成因与完成体

第六章 ◇ "过₂"的语法化动因及机制

"过₁"的"事件经过动因说"有一定的联系。"过₁"表某一事件的完成,那么这一事件在时间轴上就多是过去的事,当人们谈到某事,而过去发生的事会作为某种经验对所谈所做之事产生影响或者把过去的事只是作为一种经验为眼前之事提供借鉴,这就是受语境的影响,"动词+过₁"逐渐演化,重新分析为"动词+过₂","过₁"在语法功能上进一步语法化成了"过₂",即"过"的语法功能产生变化。由于经历之事在时间上常是过去很长时间的事,为了加以说明,"动词+过₂"前往往有标记符号"曾""尝""时""平日"等词语。也就是说,"过"用在曾然事件(表经历之事)中,受这种曾然事件语境的影响,吸收了曾然事件的语境义,于是产生了"过₂"。

曹广顺(1995)推测,表曾经的"过₂"是表完结的"过₁"在特定语境条件下的产物,并指出这种"特定语境条件"即"表'完结'的'过'用在表述过去发生的事件的句子(语境)中"。曹文敏锐地指出了完毕义、过去时态和过去曾经义三者之间的内在关联:以说话时间为参照,"完毕"就意味着所发生的行为/事件成为过去;而从另一个角度看,过去发生的行为/事件就是一种过去经历(彭睿,2009)。

小　结

"过₂"是"过₁"进一步语法化的结果。从共时层面来讲,在现代汉语中,"过₂"与"过₁"在语法意义、句法组合、语用功能、视点模式上存在一定的差异,分析清楚这些,我们才能更易辨析二者。在"过₂"产生之前,汉语早就存在表曾然事件的方式,句中有标记词语"尝""曾"等,也就是说后产生的"过₂"只是表示经历的标记之一,而不是专属标记。笔者认为"过₂"产生于宋代,在南宋《朱子语类》中居多,在时间上晚于"过₁"。从句法形式上看,从宋代至清代,"过₂"的组合类型是逐渐丰富的,从使用频率上看,"过₂"使用频率是不断提高的。"过"的语法化路径是动词"过"衍生出趋向补语"过",趋向补语"过"同时蕴含趋向义和结果义,在趋向补语"过"的语义基础上,在唐代,"过"衍生出具有表示完成语法功能的"过₁",随着使用语境的扩大,至宋,由

"过$_1$"衍生出"过$_2$"。

  由"过$_1$"至"过$_2$",语法意义发生偏离,由表"完成"演化为表"经历";句法构造演化后有所不同,搭配副词、组合动词类型、出现的句式也有所变化;事件结构发生变异,"过$_1$"常处于具有顺序性的两个子事件之中,而"过$_2$"常作为一种经历对所谈事件进行评价或说明;认知视点由近距离变远距离、由局部演变为聚焦全局。语言演化不是源于语言系统本身,而是源于语言的使用过程。结合前人观点,笔者认为"过$_2$"的语法化动因是语义表达的创新性和言语互动与语用推理,"过$_2$"的语法化机制是重新分析、转喻、泛化、语境吸收。

第七章 "过"相关句式研究

"过"在历史的发展过程中，除了产生"过$_1$"和"过$_2$"两个动态助词外，与其他词语组合时，也产生了不同的句式，如"V+过$_趋$"句式、"V+过$_结$"句式、"不过+X"句式、"X不过"句式、"A过"句式、"A过O"句式、"再/最+A+不过"句式等。本章主要对"V+过$_趋$"句式、"V+过$_结$"句式、"不过+X"句式和"X不过"句式进行考察。

第一节 动趋式"V+过$_趋$"的类型分析

动趋式"V+过$_趋$"指的是"过"在句中作趋向补语，表示人或物的位移方向。

对于动趋式"V+过$_趋$"，笔者认为此结构源于先秦两汉连动结构"V+过$_动$"，至魏晋南北朝时期"过"在动词后作趋向补语。根据"V"的语义特点，动趋式"V+过$_趋$"具有以下几种类型。

一 自行位移动趋式

自行位移动趋式指动词具有位移性，"过"作趋向补语。

（一）施事+横向位移动词+过$_趋$+处所

（1）武军奔过霸营，大呼求救。（《后汉书·铫期王霸祭遵列传·王霸》）

（2）王子猷尝行过吴中，见一士大夫家极有好竹，主已知子猷当往，乃洒扫施设，在听事坐相待。（《世说新语·简傲》）

(3) 有县农行过舍边，仰视，见龙牵车。五色晃烂，甚大非常。(干宝《搜神记》)

(4) 遇著唱名多不语，含羞走过御床前。(花蕊夫人《宫词》)

(5) 你将兵且退过河那边，我回去商量，便来投降，你意下若何？(李文蔚《杂剧·破苻坚蒋神灵应》)

(6) 时邻县接壤，蝗虫为害，至博平界，飞过不入。(《三国志·魏书八》)

(7) 宣帝元康三年春，五色雀以万数，飞过属县。(《宋书·志第十九》)

(8) 春来诗思偏何处，飞过函关入鼎门。(令狐楚《春思寄梦得乐天》)

(9) 凭着这的卢战马十分壮，怎跳过那四十里汉阳江？(《杂剧·刘玄德醉走黄鹤楼》)

"奔""行""走""退""飞""跳"都表示施事做出的动作，且具有方向性，为自行位移动词，"过"后为处所名词，从认知语言学的角度来讲，例（1）至例（5）"奔""行""走""退"是在地面上横向位移，"过"语义中不含位移起点，处所是"奔"等位移路径终点。例（6）至例（8）中动词"飞"运动处所是在空中，"过"意为经过，其参照视点是语境中的处所边界。例（9）"跳"起点在地面，路径在空中，终点在地面，"过"后表经过的处所，其参照视点为"江"的边界，而落脚点是江边的"岸"（见图7-1）。

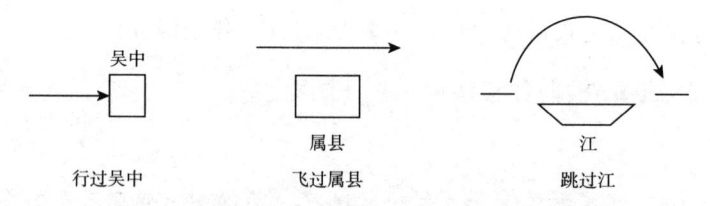

行过吴中　　飞过属县　　跳过江

图7-1 "行""飞""跳"都表示施事做出的动作

(10) 忽然旁边又走过一名太监来说道："王爷不要惊讶，这个和尚的法力，委实是大得很呢。"（《续济公传》）

(11) 那店中走过一人来，扯着行者道："你这痴子，是从不曾走过这路的，也不问个头。向来俗语说的，要知山下路，便问去来人。莫要前去，有甚要紧？"（《续西游记》）

例（10）、例（11）动词性结构"走过"前语境是处所，后语境是施事宾语，语义结构为"处所+走过+施事宾语+来"，为存现句式，处所是施事宾语某人位移动作"走"的起点，"来"表位移方向。

（二）施事+转动义动词+过$_{趋}$+受事/处所

(12) 鱄诸，你回过背来。（李寿卿《杂剧·说鱄诸伍员吹箫》）

(13) 宝钗回过头，看那一带远山，含着烟霭，果然是看到处一片白，上浮天际，都似粉玉装成。（《红楼春梦》）

(14) 婆惜也不曾睡着，听得宋江骂时，扭过身回道："你不羞这脸！"（《水浒传》）

(15) 俺撩开衣，拽起脚，刚转过这林薄。（李文蔚《杂剧·同乐院燕青博鱼》）

(16) 我转过这隅头，下的这山坡来。（刘唐卿《杂剧·降桑椹蔡顺奉母》）

(17) 急退军时，石宝当先截住去路；转过侧首，又是邓元觉杀将下来。（《水浒传》）

(18) 众人紧紧追赶，走了有七八里之遥，拐过两个山湾，树木森森，再瞧僧道已踪迹不见。（贪梦道人《彭公案》）

"回""扭""转""拐"都具有转动义（见图7-2）。例（12）、例（13）、例（14）"回""扭"的宾语是实际动作的发出者，即身体某部位"背""头""身"发生转动，转到另一面后，让别人看什么或身体某部位做什么。例（15）至例（18）"转""拐"的宾语是处所性名词结构，表示绕过此处所。

扭过身　　　转过这隅头

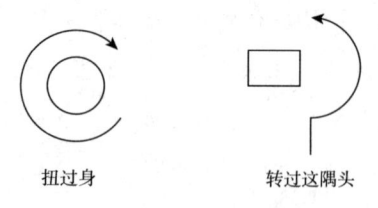

图 7-2 "扭""转"都具有转动义

（19）马后转过一将，大叫："勿伤吾主！"（罗贯中《三国志通俗演义》）

例（19）"动词+过"位于存现句中，表示将军从马后出现，从无到有，"转过"是施事将军的动作。

二　动词具有致使义

动词具有致使义，主要是指通过具体动作或言说性动作等使某人或某物发生位移，或状态发生变化等。句式论元结构为"施事+致使性动词+过$_{趋}$+受事"。

（20）松柏楼窗楠木板，暖风吹过一团香。（花蕊夫人《宫词》）

（21）昨日有个秀才投下一封书，俺员外接过书呈看罢，不知怎生，当夜晚间，员外害急心疼亡了。兀的不痛杀我也！（马致远《杂剧·半夜雷轰荐福碑》）

（22）牵过那驴子来套上，打动打动，阿列阿列，去了罢。（《杂剧·施仁义刘弘嫁婢》）

（23）詹光即忙端过一个黑漆茶盘，道："使得么？"（《红楼梦》）

（24）候着他们洗完，也递过一盆水与牛浦洗了。（吴敬梓《儒林外史》）

（25）熊熊移过一椅，请素娥坐着，重素臣伸手向诊。（夏敬渠《野叟曝言》）

（26）说毕，在旁边侍从手上，猛可夺过一把佩刀，横了向颈上

一勒,倒在地下。(张恨水《水浒新传》)

(27) 小官在家中安排下酒毂,若娶过小姐,俺一家儿庆贺饮酒。(《杂剧·赵匡义智娶符金锭》)

(28) 可则一件,你那文簿上写的明白,道陈德甫先借过两个月饭钱,计两贯。(郑廷玉《杂剧·看钱奴买冤家债主》)

(29) 孩儿也,与我唤过那壮士来。(刘唐卿《杂剧·降桑椹蔡顺奉母》)

(30) 近新一病不起,所生一子,止得八岁,临终之时,唤过妻子在面前,分付众家人道:"我一生只存此骨血。那边大房做官的虎视眈眈,须要小心抵对他,不可落他圈套之内,我死不瞑目!"(凌濛初《二刻拍案惊奇》)

(31) 荆县尊随即叫过一名快手,押着茅拔茹下处去取原单。(李海观《歧路灯》)(马利,2006)

例(20)至例(26)"吹""接""牵""端""递""移""夺"为具体动作动词,例(27)、例(28)"娶""借"为多个具体动作组成的语义范围较广的动词,例(29)、例(31)"唤""叫"为言说命令型致使义动词,这些动词可致使受事在某种力的作用下,或某种行为的驱使下,或言语命令的要求下发生位移,而且我们也可以发现受事位移方向多是朝言语者移动。

第二节　动结式"V+过$_结$"的类型分析

动结式"V+过$_结$"指"过"在结构中主要的语法作用是表达动作发生后的结果,根据结果类型,我们将"V+过$_结$"归类如下。

一　放饶性结果

1. 施事+放/饶+过$_结$+受事

(1) 二将听得此事,放过楚军,到峡路山,绊却马脚。(王重民

《敦煌变文集·汉将王陵变》）

(2) 哥哥息怒，想燕青在于梁山泊上，也多有功来，怎生看俺众兄弟之面，饶过他这一次咱。（李文蔚《杂剧·同乐院燕青博鱼》）

(3) 两个媒人听得说，口中不说，心下思量："千头万头好亲，花枝也似儿郎，都放过了，却将这个好女儿嫁这个疯子！"（罗贯中《三遂平妖传》）

(4) 胡员外听说了道："且放过这头亲事。"两个媒人道："员外！恁地一头好亲事，如何却交放过了？"（罗贯中《三遂平妖传》）

2. 施事+放/饶+受事+过$_{结}$

(5) 恰遇牧牛监官，为王放五百牛。其牛王遂以四足骑太子身，放诸牛过。（王重民《敦煌变文集新书》）

(6) 元曰："这里且放你过，忽遇达磨问，你作么生道？"（普济《五灯会元》）

例（1）、例（5）"放"意思是让某人或某物通过；例（2）、例（3）、例（6）"饶""放"语义上都表"饶恕"，"过"表示结果；例（4）"放"表示搁置，"过"表结果，其组合有其理据性。例（1）、例（5）中"过"还存有动词"通过"义，"放"与"过"语义整合度较其他语例低一些。

二 躲避性结果

(7) 那刘邦侧身躲过，腰间取出青锋宝剑，搜！一剑分为两段。（刘唐卿《戏文·白兔记》）

(8) 上圣可怜见，小人若是躲过那贼人，与爷爷重修庙宇，再立祠堂。（《杂剧·朱砂担滴水浮沤记》）

(9) 因那人日常掩伺在此地弄口，搬时要逃过他的耳目，却也很不容易。（海上说梦人《歇浦潮》）

(10) 这曾仲沉在水里，听着水声响动，将身搭于船腹之下，避过片时之久，逃至急水上流水闸，将利刀开了一孔，抽身逃过。（《三

春梦》）

(11) 一个头靠打来，素臣侧头避过。（夏敬渠《野叟曝言》）

(12) 黄达大怒，挺刀杀来，王庆闪过。（施耐庵《水浒忠义志传》）

(13) 又恐赶救不及，被徐鸣皋结果性命，因此急急的掏出弹子，直望徐鸣皋打来，实指望徐鸣皋也如周湘帆那样，被他打中一弹。那知徐鸣皋眼快让过。（唐芸洲《七剑十三侠》）

(14) 说着，便将就近席上的酒壶抓起，直向徐焱打去，徐焱连忙让过。（坑余生《续济公传》）

"躲""逃""避""闪""让"这些动词都具有躲避义，而"躲避"义词中含有人的主观意图，"过"表示躲避的结果，这种结构组合有其理据性，如例（12）、例（13）、例（14）"刀""弹子""酒壶"从人身边"过去"，因为躲避而造成这些伤害人的物品"过去"，"过去"即是"躲避"的结果；再如例（8）、例（9）、例（10）躲避的是某人，此人过去没有发现自己，也是一种结果，由物及人，"过去"是隐喻机制在发挥作用。

三 忍受性结果

(15) 掩篷窗且挨过了今宵时分，不觉的困腾腾越减精神。（《杂剧·冯玉兰夜月泣江舟》）

(16) 恹恹挨过残春也，又是困人时节。（施惠《幽闺记》）

(17) 这天气好难为，寒朝暮怎生教人挨过的。（刘伯亨《双调·朝元乐》）

(18) 叔宝被责，回到店中，挨过一夜，到天明，负痛来府中领文。（《说唐》）

(19) 他熬过了三时的冷淡，才讨得这数日的风光。（冯梦龙《醒世恒言》）

(20) 忍过一时三刻苦，芳名包管古今稀。（于谦《辞世诗》）

"过"前"挨""熬""忍"等动词语义上具有忍受义，语句语义结构是"施事+忍受义动词+过+NP",NP 为时间名词时,表示忍受状态持续的时间,如例(15)至例(18);如果 NP 结构为"时量+(的)+贬义性名词",表示忍受一段时间的某种状态,如例(19)、例(20)。这种结构组合的理据在于"过"可以在一段时间、一种状态上的"度过",度过之后同时也表达某种结果,当然,"忍过+时量"与"忍过+状态"语法化层级是不同的,"忍过+状态"要比"忍过+时量"语法化层级高,"忍过+状态"是在"忍过+时量"语境上的拓展。

四 瞒骗性结果

(21)鲍成在庄所闻,忖道:"此必万安谋死,故挑行李回来瞒过。"(安遇时《包公案·百家公案》)

(22)古今多少聪明良材、英雄志士,皆被瞒过。(刘一明《通关文》)

(23)既而代任上司,又不惟不行查究,乃预为己地,且益加优言,冀其感我,必然尽力于我,殊不知奸猾之徒,骗过了多少上司。(《练兵实纪》)

(24)英宗大悟道:"非卿点醒,朕被他们蒙混过了。"(许啸天《明代宫闱史》)

(25)尔霭拦阻道:"慢着慢着,我仔细一想,方才他们鬼鬼祟祟,形迹可疑,一定是宝玉教他说的,我们应该责罚宝玉才是,休被他哄过了。"(梦花馆主《九尾狐》)

"过"前"瞒""骗""蒙混""哄"等动词表示企图不让某人知道某事,采取"瞒""骗""蒙混""哄"等手段,而"过"表示"瞒"等主观意图实现的结果。这种结构组合的理据在于"瞒"等手段,没有让某人知晓,而让某事件"过去"了。

第三节 "不过+X"的类型分析

关于"不过",王霞(2003)主要探讨了转折连词"不过"的来源,认为其来源于副词"不过",而副词"不过"来源于偏正式的动词短语"不过"。沈家煊(2004)以"不过"形式与意义为例,说明两种演变类型语法化(实词虚化)和词汇化(词的组连变词),指出演变的动因是言谈的"省力原则"(包含"足量准则"和"不过量准则"),演变的机制是"语用推理"及推导义的"固化"。

一 不+过 NP

动词"过"除有"经过"义外,还有"超过"义,常用于表达超过某个范围,此范围既可以是空间的,也可以是时间的,还可以是数量的。

(1) 靖公享之,俭而敬,宾礼赠饯,视其上而从之,燕无私,送不过郊,语说《昊天有成命》。(《国语》)

(2) 先王之制,大都,不过参国之一;中,五之一;小,九之一。(《左传》)

(3) 客说春申君曰:"汤以亳,武王以鄗,皆不过百里以有天下。今孙子,天下贤人也,君籍之以百里势,臣窃以为不便于君。何如?"(《战国策》)

(4) 若由是观之,不过五年。(《国语》)

例(1)外城叫郭,郭以外叫郊,饯行时至郊而返,谓不过郊。例(2)"先王之制"说明有参照标准,"大城的面积不能超过国都的三分之一"。例(3)意为亳、鄗(假借为"镐")两地"都不超过方圆百里"。例(4)"过"后为时量短语,小句意为"不超过五年"。"过"为动词,表"超过",副词"不"否定"超过某范围",整体属于状中结构,"不+过 NP"在此为跨层结构。

二 小量构式"不过+数量+(而已/罢了)"

小量构式"不过+数量"是由动词性结构"不+过数量"衍推而来,"不超过某数量"既是对"量"的一种客观描述,同时也存有对"量"的一种主观判断,当这种语句中带有人的主观态度时,"不过"逐渐固化成副词。副词"不过"在先秦时已出现,在谓语前表量小。王霞(2003)认为副词"不过"经历了三个阶段：第一阶段，"不过"与名词性成分组合，表示"不超过某范围"义。第二阶段，"不过"与确数词或确数短语结合，语句中含有对数词大小的主观评价，一般倾向于小量，宾语兼有［+范围］和［+数量小］的语义特征。后随"不过"与数量词语组合增多，［+数量小］义被"不过"吸收，而［+超过］义逐步消失，且"过"动词性萎缩，与"不"逐渐融合。第三阶段，由于类推，具有［+数量小］义的"不过"与约数短语组合。在这种结构中，"不过"下降到修饰成分的地位，约数短语上升到谓语中心语地位。"不过"凝固成词，表"仅仅"之义。

1. 不过+一+量词/名词

（5）鹪鹩巢于深林，不过一枝；偃鼠饮河，不过满腹。（《庄子·逍遥游》）

（6）以此小官随从数年，官不过典谒，粟不过一囊，甚不得意。（尚仲贤《杂剧·汉高皇濯足气英布》）

（7）雪山之中有八万四千白象之宝，而王所乘，不过一象。虽有八万四千骏马，而王所骑，不过一匹。虽有八万四千宝之车，而王常驾，不过一乘。虽有八万四千夫人，王之所爱，唯在一人。虽饰宝殿八万四千，王之所处，不过一室。身之所须，饱足而已。（《大般涅槃经》）

（8）说此乃胃脘疼，非心疼也，不过一帖而愈。（丁耀亢《续金瓶梅》）

"不过+一+量词/名词"结构中存在表量的数词"一"，"一"表物的最小量，"不过"是对"一+量词/名词"结构量的主观评价，表所需或所得仅需此量即可。

2. 不过+概数

（9）雒阳虽有此固，其中小不过数百里，田地薄，四面受敌，此非用武之国也。（《史记·留侯世家》）

（10）灌池才盈五六丈，筑台不过七八尺。（韩愈《河南令舍池台》

(11) 这女子的父母，不过来受一分卖身财礼。多不过一二十两，其余俱是收养之家，准他那教习的谢礼。(梦笔生《金屋梦》)

"不过+概数"结构中概数可以是"数人""数里""数百里"等数字类，也可以是由相邻数词"七八"组成的概数，"不过+概数"表示说话人对此"概数"具有"小量"义的评价。例（9）"不过+概数"前有"小"说明评判小量的是面积。例（11）"不过+概数"前有"多"，说明评判小量的是数量。

3. 不过+时量/数量+耳/而已/罢了

(12) 自古执笔为文者，何可胜言。然至于宏丽精华，不过数十篇耳。(颜之推《颜氏家训》)

(13) 静斋道："盛旺年势，总要多到六七万，衰败年势不过一两万罢了。"(陆士谔《十尾龟》)

(14) 人上寿百岁，中寿八十，下寿六十，除病瘦死丧忧患，其中开口而笑者，一月之中不过四五日而已矣。(《庄子·盗跖》)

(15) 凡以巧上此二事者，美则美矣，不过一时而已，又非常道也。(朱元璋《大明太祖高皇帝御注道德真经》)

"不过+时量/数量+耳/而已/罢了"结构主要是表达说话人主观上认为"时量"短、"数量"少。结构中"耳"为语气词，为"而已"的合音词，刘志远、刘顺（2012）认为，语气词"罢了"是历史上动词组合"罢了"词汇化和语法化的产物，是主观性、语用推理和语境义吸收的综合结果。"罢"原义为"遣有罪也"，引申为"止也，休也"，即指"停止"或"结束"。"了"在汉以后有"终了""完毕"义，到宋元时期，"罢"与"了"出现在连续的线性序列中，明清时期，语气词"罢了"可以细分为"罢了$_1$""罢了$_2$""罢了$_3$"。"罢了$_1$"表示姑且这么决定的语气；"罢了$_2$"表示把事情往小里说的语气；"罢了$_3$"表示建议或祈使的语气。"罢了$_1$"后被新兴语气词或准语气词"得了""好了"替换，"罢了$_3$"后被"算了""吧"替换，"罢了$_2$"保留至今。"而已"在现代汉语中是语气词，李小军（2010）认为当"已"是动词时，"而"是连词，"而已"是一个跨层非短语结构，即"而"和"已"虽句法位置紧邻，但并不处于同一个句法单位。但随着"已"动词性的减弱，"而"的连词功能也在相应减弱，因为语气词常置于句末，是不需要连词连接的。也就是说"已"的语义弱化，会导致连词"而"连接功能和语义的弱化；而两者语义的弱化一旦达到一定程度，边界就会开始模糊，结合逐渐紧密并融合，最后"而已"被重新分析为一个复合语气词。"耳""而已""罢了"都具有往小里说的意思，与"不过"一起组成框式结构表达说话人对数量、时量的小量评价。

三 小量/贬抑性构式"不过+NP+（而已/罢了）"

(16) 所须者衣食，不过饱与温。（白居易《赠内》）

例（16）"不过"后 NP 是对其前语境信息的限定与说明，言"所须者衣食"要求不多，说明所需的东西只是"温饱"而已，表明要求层次低，是小量的一种说明。

(17) 若是无主，则此屋不过一荒屋尔，实何用焉？（黎靖德《朱子语类》）

(18) 止不过草芥微躯一庶民，隐迹山村。（《杂剧·张公艺九世同居》）

(19) 想沈家不过一介细民，也做不出怎样的手段。（西泠野樵《绘芳录》）

(20) 只这邓九公，充其量不过一个高阳酒徒，又有多大的福命？（文康《儿女英雄传》）

(21) 邓九公心里想着是：人生在世，儿子这种东西，虽说不过一个苍生，却也是少不得的。（文康《儿女英雄传》）

(22) 三国时，吕蒙先不过一勇之夫，后来折节读书，便成了东吴名将。（夏敬渠《野叟曝言》）

(23) 按，江陵在事时，家宰不过一主书吏而已。（沈德符《万历野获编》）

例（17）至例（23）语句蕴含对后"NP"的一种贬义性的评价，这种评价不仅表现在"不过""尔""而已"上，而且有的语句"NP"前后也存在一种评价性的词语，如例（17）"屋"是"荒"的；例（18）"民"前有"庶""微躯""草芥"等词语；例（19）"民"前"细"表示"小"，量词"介"说明身份卑微；例（20）"酒徒"本身具有贬义性，在"不过"前加"充其量"表示最大限度估计，说明说其是"酒徒"也是高估，更加深对"邓九公"身份的贬抑。

四 轻量/贬抑性构式"不过+动词性短语+（而已/罢了）"

（24）公输子之意，不过欲杀臣。杀臣，宋莫能守，可攻也。（《墨子·公输》）

（25）又问："旧看'放心'一段，第一次看，谓不过求放心而已。第二次看，谓放心既求，……"（黎靖德《朱子语类》）

（26）朝中惟有翰林衙门最是清闲，不过读书下棋，饮酒拜客，别无他事相干。（凌濛初《二刻拍案惊奇》）

（27）原来人生最不可使性，况且这小人卖买，不过争得一二个钱，有何大事？（凌濛初《初刻拍案惊奇》）

（28）又问："虽是驳杂，然毕竟不过只是一阴一阳二气而已，如何会恁地不齐？"（黎靖德《朱子语类》）

（29）而今如此，据我尹其明看了，也只不过是个寻常女子。（文康《儿女英雄传》）

（30）灌奋答道："城亡家破，同时毕命，果有何益？女儿年虽幼弱，颇具烈志，倘能突出重围，乞得援兵，那时城池可保，身家两全，岂不甚善？万一不幸，为贼所困，也不过一死罢了，同是一死，何若冒险一行。"（蔡东藩《两晋演义》）

"不过+动词性短语+（而已/罢了）"也属于一种小量构式，表示说话人主观上对某事或某物的"看轻"。例（24）、例（25）是对"欲杀臣""求放心"这种心理事件的"看轻"；例（26）、例（27）是对"读书下棋""争得一二个钱"这种动作事件的"看轻"。虽同是"看轻"，也略有不同，例（26）"读书下棋"，认为其"轻"，是说没有什么大事，"读书下棋，饮酒拜客"是一种轻松的生活，是小事，而例（27）"不过"语境中"争得一二个钱"，除说明"争钱"量小外，还存在对"争得一二个钱"事件的一种贬抑性的主观态度。例（28）、例（29）"不过"句中有"是"，表示人主观上的一种判断，表示对"一阴一阳二气""量小"的说明，及"寻常女子"身份的一种贬低。句中副词"只"与"不过"共现，也起到了相同的作用。例（30）"不过"与语气词"罢了"组成框式结构，表示对"死"这一结果的"看轻"。

由跨层结构"不+过NP"到小量构式"不过+数量+（而已/罢了）"，再到"不过+NP+（而已/罢了）"（表小量或贬抑），再到"不过+动词性短语+（而已/罢了）"（表轻量或贬抑），呈现梯度性的构式演变过程。

第四节 "X不过"的类型分析

"X不过"主要是指"V不过"和"A不过"，较早分析"X不过"的是赵新，赵新（2000）认为近代汉语中"不过"补语句的结构类型为"V不过"、"被V不过"和"A不过"，意义类型为可能补语、结果补语、程度补语和状态补语。赵新认为"V不过"补语句始见于宋代，明清时期用法最丰富，在现代汉语中"被V不过"消失，"V不过"用法减少，"A不过"变为"再（最）A不过"。王岩（2008）运用认知语言学界标理论，从分析动词"过"的意义类型入手，分析了动结式"V过"和动结式的可能式"V不过"，从跟空间的关系、跟时间的关系、跟对手的关系、跟目标的关系、跟目的的关系、跟境遇的关系角度对"V不过"格式的类型进行了分析。结合前人分析，此部分对古汉语"X不过"的类型进行分析，根据"X不过"整体语义将类型归纳如下。

一 位移类"V不过"

位移类"V不过"结构中，"不""过"为两个词，"V"是位移性动词，表施事发生位移，"不过"在此表示不能"经过""跨过"某处所，从"不过"后有时可以加处所宾语来看，"过"在结构中仍具有动词词性，表"经过""到达"义，"不过+（处所）""位移性动词+不过+（处所)"表示位移性动作不能到达或经过某处所,是空间位移的否定式表达。位移类"V不过"应是"X不过"结构家族的语义源头。

(1) 譬之如一个坑,跳不过时,只在这边;一跳过,便在那边。(黎靖德《朱子语类》)

(2) 请公子放手休拦当,饶这厮强,也飞不过土城墙。(李寿卿《杂剧·说鱄诸伍员吹箫》)

(3) 他便能飞也飞不出千重网,便会跳也跳不过万丈坑,郑元和亲身证。(石君宝《杂剧·李亚仙花酒曲江池》)

例(1)至例(3)皆为施事某人不能实现位移动作,例(1)为不能实现动作"跳"过某空间("坑")的目的,例(2)为不能达到"飞"过某空间("土城墙")的目的。"不过+(处所)"整体作位移性动词的补语。

二 比较类"V不过"

位移类"V不过"表空间位移不能实现,而其判断标准是空间的界线,"经过"此界线为"V过",不能"经过"此界线为"V不过"。当此空间界线标准映射至人的能力时,就产生了比较类"V不过",指"一方动作行为的能力不能战胜对方"。

1. V+宾语+不过

(4) 这蛮子说他不过,叫老婆出来计较。(刘唐卿《戏文·白兔记》)

(5) 与俺斗上三四十合,那业畜斗俺不过,放一道火光。(刘唐卿《戏文·白兔记》)

(6) 若杀俺家不过,俺为上邦,他为下邦,要他反来进贡于俺,有何不可?(张国宾《杂剧·薛仁贵荣归故里》)

2. V+不过+宾语

(7) 二公子道:"哥哥,我同你吃了饭去问母亲。若果有此事,就向母亲讨了二三百两银子,同你逃出城去,迎着番兵拼命杀他一阵。若杀不过他,我们带了银子逃往他方,再作道理,何如?"(钱彩《说岳全传》)

(8)凤姐笑道:"任谁聪明都斗不过老太太,见的世面又多,又会想法子玩,我们要改个新样儿就改不出来。"(《红楼真梦》)

3. V+不过

(9)灵宅曰:"尔之道法与吾平等,欲要舍吾,恐吾别生事端。不舍,又战不过。吾实告尔,尔我如今仇深似海,如欲三缄犬子阐明大道,好好归于天府,安居绣云仙阁,吾断不许。否则,将吾此尸碎段,那时方无阻滞焉。"(魏文中《绣云阁》)

例(4)说明在"说话""讲理"能力上没有战胜对方,故"叫老婆出来计较",是"蛮子"与他在"讲理"能力上的比较;例(5)说明"业畜"在战斗能力上与被比较对象"俺"相比,不如"俺"。余者类推。

三 对抗类"V不过"

对抗类"V不过"是指抵挡不住对方的某种力量,动词本身语义中存在"抵挡""对抗"义。

(10)今日东墙,明日西厢,着你当不过连珠箭急三枪。(刘庭信《寨儿令·戒嫖荡》)

(11)既是这等,小生逆不过夫人面皮,只得勉饮三杯。(秦简夫《杂剧·晋陶母剪发待宾》)

(12)赵完对儿子道:"虽则告他白日打抢,终是人命为重,只怕抵当不过。"(冯梦龙《醒世恒言》)

四 放饶类"V不过"

放饶类"V不过"是指不能饶恕、放过某人、某物。

(13)王紫泥道:"谁管脚小不小,只是心跳难受。即如眼下陪客,心里只是慌,只像偷了关爷的刀一般。若不是学院在即,我先放不过东县鲍相公这宗钱,还肯把'东坡肉'送到你嘴里不成?"(李海观《歧路灯》)(马利,2006)

(14)花氏定了半晌,方说道:"我梦见姆姆房中那丫头,一身鲜血,来向我索命。骂我说不是我私通了你,如何得害了二相公同姆姆。因你杀了他两人,故此才又杀了他。你的一死不消说,连我也放不过。我再三求告他,他决不肯放。向我身上一补,一惊醒来,魂都几乎吓掉了。"(曹去晶《姑妄言》)

(15)那宰官最有爱民之心,一闻此事,再也放不过他,忙说:"仙师既不肯开杀戒,我二人却是朝廷大吏,理应为民除害,请借法师宝剑一用,纵有天谴,某等愿共任之,与法师无干。何如?"(无垢道人《八仙得道传》)

(16)今日阳间躲得过,阴间也饶不过。(陆人龙《型世言》)

(17)孙行者在旁怒道:"师父也忒脓包!想这妖魔搜我们宝物公分,也饶不过他!"(董说《西游记补》)

例(13)"放不过"的受事是"这宗钱",整体语义是不能"放过"这些钱,要留下这笔钱。例(14)至例(17)"放不过""饶不过"的受事是人("我""他"),句意指不会饶恕某人。

五 实现目的类"V不过"

实现目的类"V不过"是指不能实现某种目的、达到某种目标。

(18)瞒不过相识街坊众亲,定睛觑认,并无些咬破牙痕。(孙仲章《杂剧·河南府张鼎勘头巾》)

(19)那客人见赖不过,乃低声道:"我实是时伯喜,望你三位不要声张。"(李渔《合锦回文传》)

(20)因他养活不过,方才卖与人。(郑廷玉《杂剧·看钱奴买冤家债主》)

(21)街坊邻里听着:朱买臣养活不过媳妇儿,来厮打哩!(《杂

剧·朱太守风雪渔樵记》）

例（18）"瞒"为"瞒骗"类动词，"瞒不过"小句表示"瞒街坊众亲"的意图不能实现；例（19）动词"赖"意思是"不承认自己的错误或责任"，"赖不过"意指其"不承认错误或责任"的目的没有达到；例（20）、例（21）是指不能达到"养活"某人的要求。

六 忍受、坚持类"V不过"

忍受、坚持类"V不过"常指不能承受、忍受某种不好、不情愿的事情，或某动作状态不能持续。

1. V+不过+宾语

（22）挨不过凌逼，身沈在浪涛里。（柯丹邱《荆钗记》）
（23）早是我受不过狠毒的儿夫气，更那堪不可公婆意。（尚仲贤《杂剧·洞庭湖柳毅传书》）
（24）采秋拗不过大家意思，于是将大衫卸下，付给香雪；秋痕便把他首饰除下，将簪拴紧髻子。（魏秀仁《花月痕》）

例（22）、例（23）、例（24）"V+不过+宾语"中动词为单音节动词，"挨""受""拗"都有"承受""忍受"义，宾语都是不如愿的、消极性的词语，如例（22）"凌逼"、例（23）"狠毒的儿夫气"。例（24）"大家意思"虽然不是消极性词语，但从整个句式来看，施事主语"采秋"由于"承受不住大家意思"而被迫做某事，仍带有不情愿的意味。

2. V不过

（25）小道人就像热地上蚰蜒，好生打熬不过，禁架不定。（凌濛初《二刻拍案惊奇》）
（26）李彦和河内身亡，张三姑争忍不过。（《杂剧·风雨像生货郎旦》）

忍受类"V不过"中动词常是双音节动词，"打熬""争忍"有"忍受"义，句意表示某人受到某种事件刺激，心中不能忍受。

3. 被（吃）+（宾语）+V 不过

"被（吃）+（宾语）+V 不过"中动词一般都表示欺负、拷打、逼迫、纠缠等语义，句式的主语常是这些动作的承受者，表被动的词语常用被动标记"被"，少数用"吃"。句意表示主语承受动作，后常有其他小句说明承受"欺负"义动作的结果状态。

(27) 娘娘，那寇承御被打不过，自撞金阶死了也。（《杂剧·金水桥陈琳抱妆盒》）

(28) 四儿被缠不过，只得把实情说了。（凌濛初《二刻拍案惊奇》）

(29) 只是怎禁得十三妹的劲大，被拉不过，只得随手一阵乱抹，不想可巧恰恰的把个"不"字抹了去。（文康《儿女英雄传》）

(30) 这桃花女在我面上有活命之恩，本等不好去得，被那周公逼勒不过，只得应承了他。（王晔《杂剧·桃花女破法嫁周公》）

(31) 黛玉被宝玉缠不过，只得起来道："你的意思不叫我安生，我就离了你。"（《红楼梦》）

(32) 西门庆吃他逼迫不过，一面使王经："领申二姐出来，唱与大舅听。"（兰陵笑笑生《金瓶梅》）

(33) 灿若吃劝不过，道："既承列位佳意，只得同走一遭。"（凌濛初《初刻拍案惊奇》）

(34) 王则初时抵赖，后来吃拷打不过，只得供称道："昨日是王则下班日期，在家里闲坐，……实不知是甚人。"（罗贯中《三遂平妖传》）

4. 坚持类"V 不过（宾语）"

坚持类"V 不过（宾语）"中动词没有"欺负"类动词那种贬义性语义，动词只是中性的"坚持"义，表示某种状态不能持续。

(35) 漏船儿撑不过蓝桥，碎砖儿垒不就阳台。（汤舜民《天香引·西湖感旧》）

(36) 如此缠帐多时，支持不过，毛家家私也逐渐消费下来。（凌濛初《二刻拍案惊奇》）

沈家煊（2004）认为这个"不过"是由"不通过"虚化而来的，加上动结式赋予的"可能"义，"通不过"虚化为"忍受不过去"。虚化的"不过"在形式上失去了独立词组的地位，成为动词后面的附着成分。

七　程度类"V 不过"

程度类"V 不过"语例很少，动词常是心理动词，表示施事某种心理或使某人产生某种心理，"不过"位于动词或动宾短语后表示心理达到的程度。

(37) 你哥哥这等发迹，你这等贫苦，倒教我每替你气不过。（徐㫤《杀狗记》）

(38) 公使此刻心中，必然恨我不过。（不肖生《留东外史》）

(39) 那小姐知道我先到手了，还要气我不过哩。（《六十种曲·蕉帕记》）

例（37）"替你气不过"意为"替你非常生气"；例（38）"恨我不过"意为"非常恨我"；例（39）"气我不过"意为"让我非常生气"。

八　程度类"A 不过"

"不过"位于形容词之后，补充说明性质、状态所达到的程度很高。

(40) 我这一会儿身上寒冷不过，你怎生问那卖酒的讨一钟酒儿与我吃，可也好也。（郑廷玉《杂剧·看钱奴买冤家债主》）

(41) 幽魂疼痛不过，分付俺亲率孟良，快去搭救他。（朱凯《杂剧·昊天塔孟良盗骨》）

(42) 别去不多时，高恩溪在家清坐了两日，寂寞不过，收拾了些东西，先到大女儿家里住了几时。第二个第三个女儿，多着人来相

接。(凌濛初《二刻拍案惊奇》)

(43) 高愚溪恼怒不过，只是寻是寻非的吵闹，合家不宁。(凌濛初《二刻拍案惊奇》)

(44) 陈秀才虽然气愤不过，却免了门头不清净，也只索罢了。(凌濛初《初刻拍案惊奇》)

(45) 那月娥是个久惯接客，乖巧不过的人，看此光景，晓得有些尴尬，只管盘问。(凌濛初《初刻拍案惊奇》)

(46) 邹吉甫道："他姓杨，为人忠直不过，又好看的是个书，要便袖口内藏了一卷，随处坐著，拿出来看。……却再也不能了！"(吴敬梓《儒林外史》)

(47) 却说锦云小姐未经悔议之先，知道才郎的八字与自己相同，又闻得那副面容俊俏不过，方且自庆得人，巴不得早完亲事。(李渔《十二楼》)

(48) 进得门来，一条甬道，都用云石砌得光滑不过。(《乾隆游江南》)(张金圈，2019)

(49) 风水道："世叔是最高明不过的，这块地当日便是家严效的劳，小侄怎敢另生他议？况且'阴阳怕懵懂'，这句话不说破也就罢了，小侄既看出来，万万不敢相欺，此中丝毫不可迁就。"(文康《儿女英雄传》)

(50) 何小姐最是心热不过的人，听了婆婆这话，一面归着看东西，合张姑娘道："实在亏婆婆想的这样周到！"(文康《儿女英雄传》)

(51) 最奇不过的是这老头儿家里竟会有书，案头还给摆了几套书，老爷看了看，却是一部《三国演义》，一部《水浒》，一部《绿牡丹》，还有新出的《施公案》合《于公案》。(文康《儿女英雄传》)

(52) 举手一摸，竟少了一件东西。摸着的地方，又分外疼痛不过。(李渔《十二楼》)

赵新（2000）、沈家煊（2004）、杨煜（2010）认为"A不过"产生于明代，从笔者搜集到的语料来看，"A不过"于元代已产生，如例（40）、例（41）。"A不过"衍生于忍受类"V不过"、程度类"V不过"。沈家煊（2004）认为忍受类"V不过"中"不过"既有"不通过"的意义，又有"程度高"的意义，而"程度高"的意义是根据"不过量准则"和常识推导出来的隐含义。"忍受不过去"表示"忍受"的程度极高，后"不通过"义消失，只保留"程度高"的意义。这种"程度高"用法的"不过"与形容词组合，由表示"程度高"的"不过"与忍受类动词、负面的心理动词（如"恨"）组合，类推至"A 不过"，"A 不过"的形容词也是负面性质的形容词，如例（40）"寒冷不过"、例（41）"疼痛不过"、例（42）"寂寞不过"、例（43）"恼怒不过"等，都是表示人不如意、负面的遭遇；在明末和清代"不过"程度高的用法不再局限于负面的形容词，又扩展到正面或中性的形容词，如例（45）"乖巧不过"、例（46）"忠直不过"、例（48）"光滑不过"等。为了加深程度，在原本表"程度高""A 不过"前加上表程度的程度副词"最""十分""分外"等，构成"程度副词+A 不过"，主观上表达一种极性程度义。为何在"A 不过"前附加高程度副词"最"，张金圈（2019）认为可能有两方面原因：其一，考察语料发现，"A 不过"中的 A 大部分都是双音节形式，从而形成一个由两个基本音步组成的"2+2"稳定结构；单音节形容词充当的"A 不过"结构独立性较差，为保证其结构稳定性，说话人便可能在前边附加上一个语义相宜的单音节副词"最"，从而形成一个"2+2"的音步组合。其二，可能由于方言的差异，某些地域的说话人对"A 不过"结构表达的极性程度义感受不明显，便又在前面附加表达高程度义的副词"最"（前加"顶/最是/十分"也是同一道理），从而使这种极性程度义更加显豁。例（51）"奇"为单音节形容词，前加"最"，构成"最奇不过""2+2"音步韵律模式，若去掉"最"，句子为"奇不过的是这老头儿家里竟会有书"，从语感上，一是不符汉语韵律模式，二是"奇不过"没有"最奇不过"更能凸显说话人的主观心理。A 为双音节形式时，前加上单音节副词"最"也可以成句，如例（49），但大部分都是双音节表程度词语，如例（50）"最是心热不过"，在形容词前为表极性程度副词"最"与判断动词"是"组成的结构，构成"2+2"音步韵律模式。

部分语料

安小兰译注，2007，《荀子》，中华书局。

（汉）班固，1999，《汉书》，（唐）颜师古注，中华书局。

陈鼓应注译，2007，《庄子今注今译（最新修订版）》，商务印书馆。

（晋）陈寿，2011，《三国志》，（宋）裴松之注，中华书局。

陈涛译注，2007，《晏子春秋》，中华书局。

（宋）范晔，2000，《后汉书》，（唐）李贤等注，中华书局。

（晋）干宝，1991，《搜神记全译》，黄涤明译注，贵州人民出版社。

（晋）葛洪，1995，《抱朴子内篇全译》，顾久译注，贵州人民出版社。

（晋）葛洪，2010，《神仙传校释》，胡守为释，中华书局。

（唐）谷神子，1980，《博异志》，中华书局。

（战国）韩非，1995，《韩非子全译》，张觉译注，贵州人民出版社。

韩兆琦译注，2010，《史记》，中华书局。

景中译注，2007，《列子》，中华书局。

李万寿译注，2009，《晏子春秋全译》，贵州人民出版社。

（南朝宋）刘敬叔，1996，《异苑》，中华书局。

（后晋）刘昫等，2000，《旧唐书》，中华书局。

（战国）吕不韦门客编撰，1995，《吕氏春秋全译》，关贤柱、廖进碧、钟雪丽译注，贵州人民出版社。

慕平译注，2009，《尚书》，中华书局。

（梁）沈约，2000，《宋书》，中华书局。

（元）陶宗仪，1959，《南村辍耕录》，中华书局。

万丽华，2006，《孟子》，蓝旭译注，中华书局。

王守谦、金秀珍、王凤春译注，1990，《左传全译》，贵州人民出版社。

（北齐）魏收等，2000，《魏书》，中华书局。

吴毓江，1993，《墨子校注》，孙启治点校，中华书局。

徐震堮，1984，《世说新语校笺》，中华书局。

徐征、张月中、张圣洁、奚海主编，1998，《全元曲》，河北教育出版社。

（战国）荀况，1995，《荀子全译》，蒋南华、罗书勤、杨寒清注译，贵州人民出版社。

杨伯峻译注，1980，《论语译注》，中华书局。

（北魏）杨衒之，2006，《〈洛阳伽蓝记〉译注》，周振甫译注，江苏教育出版社。

（汉）应劭，2010，《风俗通义校注》，王利器校注，中华书局。

〔日〕圆仁，2007，《入唐求法巡礼行记》，广西师范大学出版社。

（宋）张邦基，2002，《墨庄漫录》，中华书局。

周振甫译注，2002，《诗经译注》，中华书局。

参考文献

鲍尔·丁·霍伯尔、伊丽莎白·克劳丝·特拉格特，2008，《语法化学说》，梁银峰译，复旦大学出版社。

蔡娇娇，2020，《广东南雄方言体貌研究》，硕士学位论文，湖南师范大学。

蔡松年，1994，《"完"字本义考》，《杭州师范学院学报》（社会科学版）第1期。

曹广顺，1995，《近代汉语助词》，语文出版社。

曹小云，1994，《王梵志诗语法成分初探》，《安徽师范大学学报》（人文社会科学版）第3期。

巢颖，2005，《〈三遂平妖传〉助词研究》，硕士学位论文，华东师范大学。

陈宝勤，2011，《汉语词汇的生成与演化》，商务印书馆。

陈昌来，2017，《汉语常用双音词词汇化和语法化研究》，学林出版社。

陈芳芳，2009，《〈红楼梦〉的动态助词研究》，硕士学位论文，福建师范大学。

陈平，1988，《论现代汉语时间系统的三元结构》，《中国语文》第6期。

陈前瑞，2003，《汉语体貌系统研究》，博士学位论文，华中师范大学。

陈前瑞，2017，《语法化与汉语时体研究》，学林出版社。

陈玉静，2020，《扬州方言完成体标记"得"与普通话对比研究》，《开封文化艺术职业学院学报》第8期。

程舒雯，2020，《临安锦城方言体貌范畴研究》，硕士学位论文，杭州师范大学。

戴耀晶，1997，《现代汉语时体系统研究》，浙江教育出版社。

刁晏斌，2007，《〈三朝北盟会编〉语法研究》，河南大学出版社。

丁健，2011，《语法化视角下的双音节副连兼类词》，《汉语学习》第5期。

丁健，2020，《吴语路桥方言的完结体标记"爻""完""起"》，《语言研究》第2期。

董秀芳，2002，《词汇化：双语双音词的衍生和发展》，四川民族出版社。

董秀芳，2004，《汉语的词库与词法》，北京大学出版社。

董秀芳，2017，《汉语词汇化和语法化的现象与规律》，学林出版社。

董志光，2006，《〈元刊杂剧三十种〉助词研究》，硕士学位论文，南京师范大学。

方有国，2015，《先秦汉语实词语法化研究》，巴蜀书社。

房玉清，1992，《动态助词"了""着""过"的语义特征及其用法比较》，《汉语学习》第1期。

冯春田，2003，《〈聊斋俚曲〉语法研究》，河南大学出版社。

高名凯，1986，《汉语语法论》，商务印书馆。

高顺全，2015，《基于语法化理论的汉语兼类虚词习得顺序研究》，中国社会科学出版社。

高增霞，2006，《现代汉语连动式的语法化视角》，中国档案出版社。

龚晨，2009，《"形容词+动态助词"结构初探》，硕士学位论文，山东大学。

龚千炎，1995，《汉语的时相时制时态》，商务印书馆。

郭锐，1993，《汉语动词的过程结构》，《中国语文》第6期。

洪波，1998，《论汉语实词虚化的机制》，载郭锡良主编《古汉语语法论集》，语文出版社。

洪波，2000，《论平行虚化》，载《汉语史研究集刊》第二辑，巴蜀书社。

黄锦君，2002，《二程语录语法研究》，博士学位论文，四川大学。

江蓝生，2017，《汉语语法化的诱因与路径》，学林出版社。

蒋绍愚，2001，《〈世说新语〉、〈齐民要求〉、〈洛阳伽蓝记〉、〈贤愚经〉、〈百喻经〉中的"已"、"竟"、"讫"、"毕"》，《语言研究》第1期。

蒋绍愚，2003，《魏晋南北朝的"述宾补"式述补结构》，载袁行霈主编《国学研究》第十二卷，北京大学出版社。

蒋绍愚、曹广顺主编，2005，《近代汉语语法史研究综述》，商务印书馆。

景高娃、丁崇明，2016，《"V完"式述补结构的语法化过程——兼论"完"的虚化》，《海外华文教育》第3期。

孔令达，1985，《动态助词"过"和动词的类》，《安徽师范大学学报》（哲学社会科学版）第3期。

孔令达，1986，《关于动态助词"过$_1$"和"过$_2$"》，《中国语文》第4期。

赖思羽，2019，《玉溪方言"掉"的结构类型和语法性质》，《玉溪师范学院学报》第1期。

黎锦熙，2007，《新著国语文法》，湖南教育出版社。

黎娟，2018，《临湘长詹片体貌研究》，硕士学位论文，暨南大学。

李长丽，2009，《"三言"动态助词研究》，硕士学位论文，福建师范大学。

李明晶，2013，《现代汉语体貌系统的二元分析：动貌和视点体》，北京大学出版社。

李讷、石毓智，1997，《论汉语体标记诞生的机制》，《中国语文》第2期。

李平，2010，《苍溪方言体貌范畴研究》，硕士学位论文，浙江财经学院。

李守江，2008，《〈儿女英雄传〉动态助词研究》，硕士学位论文，山东师范大学。

李淑霞，2005，《〈清平山堂话本〉动态助词研究》，硕士学位论文，四川师范大学。

李小芬，2017，《夏县方言的体貌系统》，硕士学位论文，湖南大学。

李小军，2010，《语气词"已""而已"的形成、发展及有关问题》，《汉语史学报》第1期。

李妍，2006，《汉语完成体"过"研究》，硕士学位论文，北京语言大学。

李焱、孟繁杰，2010，《汉语平比句的语法化研究》，南京大学出版社。

李永，2005，《语法义素的凸显与动词的语法化》，《山东师范大学学报》第5期。

李于虎，2012，《现代汉语经历体标记"过$_2$"研究》，硕士学位论文，复旦大学。

李宗江，2017，《语法化与汉语实词虚化》，学林出版社。

梁银峰，2004，《汉语事态助词"来"的产生时代及其来源》，《中国语文》第4期。

梁银峰，2007，《汉语趋向动词的语法化》，学林出版社。

林立芳，1997，《梅县方言的"来"》，《语文研究》第2期。

林新年，2004，《试析唐宋时期的"过"语法化进程迟缓的原因》，《语言科学》第6期。

林新平，2006，《〈祖堂集〉的动态助词研究》，上海三联书店。

刘红妮，2009，《汉语非句法结构的词汇化》，博士学位论文，上海师范大学。

刘坚、曹广顺、吴福祥，1995，《论诱发汉语词汇语法化的若干因素》，《中国语文》第3期。

刘坚、江蓝生、白维国、曹广顺，1992，《近代汉语虚词研究》，语文出版社。

刘月华，1988，《动态助词"过$_2$、过$_1$、了$_1$"用法比较》，《语文研究》第1期。

刘月华、潘文娱、故韡，2004，《实用现代汉语语法》，商务印书馆。

刘志远、刘顺，2012，《"罢了"的词汇化及语气意义的形成》，《语文研究》第1期。

卢烈红，1998，《〈古尊宿语要〉代词助词研究》，武汉大学出版社。

吕叔湘，1982，《中国文法要略》，商务印书馆。

吕叔湘，1999，《现代汉语八百词》（增订本），商务印书馆。

吕叔湘、孙德宣，1956，《助词说略》，《中国语文》第6期。

马利，2006，《〈歧路灯〉动态助词研究》，硕士学位论文，山东大学。

梅祖麟，1999，《先秦两汉的一种完成貌句式——兼论现代汉语完成貌句式的来源》，《中国语文》第4期。

木霁弘，1989，《"过"字虚化的历史考察》，《思想战线》第 2 期。

潘福刚，2008，《〈琵琶记〉助词研究》，硕士学位论文，曲阜师范大学。

彭睿，2009，《共时关系和历时轨迹的对应——以动态助词"过"的演变为例》，《中国语文》第 3 期。

彭睿，2020，《语法化理论的汉语视角》，北京大学出版社。

屈承熹，2005，《汉语认知功能语法》，黑龙江人民出版社。

〔日〕太田辰夫，2003，《中国语历史文法》，蒋绍愚、徐昌华译，北京大学出版社。

沈家煊，1994，《"语法化"研究综观》，《外语教学与研究》第 4 期。

沈家煊，1995，《"有界"与"无界"》，《中国语文》第 5 期。

沈家煊，1998，《实词虚化的机制——〈演化而来的语法〉评介》，《当代语言学》第 3 期。

沈家煊，2004，《说"不过"》，《清华大学学报》（哲学社会科学版）第 5 期。

沈家煊、吴福祥、李宗江主编，2007，《语法化与语法研究（三）》，商务印书馆。

沈家煊、吴福祥、马贝加主编，2005，《语法化与语法研究（二）》，商务印书馆。

石毓智，1995，《时间的一维性对介词衍生的影响》，《中国语文》第 1 期。

石毓智，2003，《现代汉语语法系统的建立——动补结构的产生及其影响》，北京语言大学出版社。

石毓智，2004，《汉语研究的类型学视野》，江西教育出版社。

石毓智，2006，《语法化的动因与机制》，北京大学出版社。

石毓智，2011，《语法化理论——基于汉语发展的历史》，上海外语教育出版社。

石毓智、李讷，2001，《汉语语法化的历程——形态句法发展的动因和机制》，北京大学出版社。

史金生，2017，《语法化的语用机制与汉语虚词研究》，学林出版社。

史文雯，2013，《汉语"过"的语法化研究》，硕士学位论文，四川师范大学。

孙朝奋,1994,《〈虚化论〉评价》,《国外语言学》第4期。

孙锡信,2002,《语法化机制探赜》,载《纪念王力先生百年诞辰学术论文集》,商务印书馆。

孙英杰,2006,《现代汉语体系统研究》,博士学位论文,北京语言大学。

王华,2007,《〈水浒传〉助词计量研究》,硕士学位论文,苏州大学。

王娇,2008,《动态助词"过"的语法化过程》,《现代语文(语言研究版)》第9期。

王力,1980,《汉语史稿》,中华书局。

王力,1985a,《中国现代语法》,商务印书馆。

王力,1985b,《中国语法理论》,商务印书馆。

王力,2005,《汉语语法史》,商务印书馆。

王丽红,2011,《"过$_2$"语法化的语义基础和视点模式考察》,硕士学位论文,北京语言大学。

王淇,2014,《〈儒林外史〉动态助词研究》,硕士学位论文,山东师范大学。

王森,1991,《〈老乞大〉〈朴通事〉里的动态助词》,《古汉语研究》第2期。

王世群,2011,《动态助词"过"的语法化历程》,《南京审计学院学报》第3期。

王顺巧,2017,《云南方言"掉"的语义及其虚化》,《现代语文》第7期。

王霞,2003,《转折连词"不过"的来源及语法化过程》,《河北师范大学学报》(哲学社会科学版)第2期。

王岩,2008,《"不过"论析》,硕士学位论文,上海师范大学。

王寅、严辰松,2005,《语法化的特征、动因和机制——认知语言学视野中的语法化研究》,《解放军外国语学院学报》第4期。

魏娜娜,2014,《〈长生殿〉助词研究》,硕士学位论文,曲阜师范大学。

温美姬,2016,《赣语的"刮"(过)与客家话的"撒"》,《嘉应学院学报》第9期。

吴福祥，1996，《敦煌变文语法研究》，岳麓书社。

吴福祥，2004，《〈朱子语类辑略〉语法研究》，河南大学出版社。

吴福祥，2005，《汉语语法化研究》，商务印书馆。

吴福祥，2017，《语法化与语义图》，学林出版社。

吴福祥，2021，《也谈语法化的机制和动因》，《语文研究》第2期。

吴福祥、陈前瑞主编，2017，《语法化与语法研究》（八），商务印书馆。

吴福祥、崔希亮主编，2009，《语法化与语法研究》（四），商务印书馆。

吴福祥、洪波主编，2003，《语法化与语法研究》（一），商务印书馆。

吴福祥、汪国胜主编，2015，《语法化与语法研究》（七），商务印书馆。

吴福祥、吴早生主编，2019，《语法化与语法研究》（九），商务印书馆。

吴福祥、邢向东主编，2013，《语法化与语法研究》（六），商务印书馆。

吴福祥、张谊生主编，2011，《语法化与语法研究》（五），商务印书馆。

吴露露，2017，《江苏东台方言的体貌系统》，硕士学位论文，浙江师范大学。

吴云，2004，《"过"引申用法的认知分析》，《汕头大学学报》（人文社会科学版）第3期。

鲜于名名，2019，《天门方言的体貌系统》，硕士学位论文，青海师范大学。

解惠全，1987，《谈实词的虚化》，载《语言研究论丛》第4辑，南开大学出版社。

谢晓晖，2010，《时态助词"过"的来源及发展》，《昭通师范高等专科学校学报》第2期。

闫妍，2011，《动态助词"过"研究综述》，硕士学位论文，东北师范大学。

杨永龙，2001a，《明代以前的"VO过"例》，《语文研究》第4期。

杨永龙，2001b，《〈朱子语类〉完成体研究》，河南大学出版社。

杨永龙，2017，《实词虚化与结构式的语法化》，学林出版社。

杨育彬、齐春红，2009，《论云南方言体标记"掉"》，《云南师范大学学报》（哲学社会科学版）第4期。

杨煜，2010，《"再X不过"格式研究》，硕士学位论文，上海师范大学。

姚尧，2018，《"意思"的意思——语义演变与语境吸收》，《当代修辞学》第 4 期。

俞光中、〔日〕植田均，1999，《近代汉语语法研究》，学林出版社。

张伯江、方梅，1996，《汉语功能语法研究》，江西教育出版社。

张金圈，2019，《"最 A 不过"与"再 A 不过"结构的来源与演变》，《中南大学学报》（社会科学版）第 6 期。

张磊，2006，《汉英视觉动词语法化的认知研究》，博士学位论文，中央民族大学。

张美兰，2003，《〈祖堂集〉语法研究》，商务印书馆。

张其昀，2005，《扬州方言"消极"性完成体标记"得"》，《中国语文》第 5 期。

张庆冰，2011，《〈祖堂集〉完成体动词辨析》，博士学位论文，山东大学。

张晓铃，1986，《略论助词"过"的分布》，《徐州师范学院学报》（哲学社会科学版）第 4 期。

张秀松，2018，《国外语法化研究的历史进展》，《云南师范大学学报》（对外汉语教学与研究版）第 5 期。

张秀松，2020，《面向范式探索的汉语语法化研究》，南京大学出版社。

张谊生，2016，《试论语法化的动因和机制》，载《历史语言学研究》第十辑，商务印书馆。

张谊生，2017，《与汉语虚词相关的语法化现象研究》，学林出版社。

赵新，2000，《"不过"补语句的历史考察》，《语言研究》第 2 期。

赵元任，1979，《汉语口语语法》，吕叔湘译，商务印书馆。

〔日〕志村良治，1995，《中国中世语法史研究》，江蓝生、白维国译，中华书局。

钟兆华，1995，《近代汉语完成态动词的历史沿革》，《语言研究》第 1 期。

朱德熙，1982，《语法讲义》，商务印书馆。

朱德熙，2006，《语法讲义》，商务印书馆。

朱新军，2008，《语法化中的重新分析机制研究》，硕士学位论文，华中师范大学。

朱瑶瑶，2019，《湖南湘潭县方言体貌研究》，硕士学位论文，湖南师范大学。

祝君，2011，《〈近代汉语语法资料汇编·宋代卷〉动态助词研究》，硕士学位论文，辽宁师范大学。

邹仁，2008，《〈五灯会元〉动态助词研究》，硕士学位论文，福建师范大学。

左思民，1997，《现代汉语的"体"概念》，《上海师范大学学报》（自然科学版）第 2 期。

Talmy, Leonard. 2000. *Toward a Cognitive Semantics*. Cambridge, Massachusetts: MIT Press.

Traugott, Elizabeth Closs. 1999. "The Role of Pragmatics in Semantic Change," In Verschueren, Jef ed., *Pragmatics in 1998: Selected Papers from the 6th International Pragmatics Conference*, Vol. II. Antwerp: International Pragmatics Association.

Traugott, Elizabeth Closs & Richard Dasher. 2002. *Regularity in Semantic Change*. Cambridge: Cambridge University Press.

后　记

　　2010年9月，笔者考入黑龙江大学就读语言学及应用语言学专业，师从蒋可心教授。在考入黑龙江大学之前，笔者在牡丹江师范学院国际教育学院从事对外汉语教学工作。在教外国留学生的过程中，笔者发现动态助词"着""了""过"很难教，学生很难掌握，于是就想好好研究一下动态助词。跟蒋老师商量后，决定研究"过"，在研究的过程中发现"过"有动词词性，还有"过$_1$""过$_2$"两种助词词性。"过$_1$"和"过$_2$"是如何产生的，如果深入挖掘这一问题，可能会对国际汉语教学有所帮助，于是笔者就从历时性的角度对"过$_1$"和"过$_2$"进行考察，走上了语法化研究的道路。

　　由于初次接触语法化方面的研究，且研究时间有限，毕业论文写得较为粗糙，没有完成自己的设想，硕士毕业后，回校工作之余，有时也在思考"过"的语法化，又读了很多新的理论成果，于是就在笔者硕士论文《"过"的语法化研究》的基础上经过大幅修改而完成此书。

　　在黑龙江大学攻读硕士学位的过程中，笔者得到了蒋可心教授及杨华教授在学习、生活等各个方面的关怀与照顾，感受到了家人般的温暖，同时还得到了薛宇、赵松涛、崔若望等同门的帮助；在韩国全北大学写作本书的过程中，也得到了曲均丽、郝建爱、叶鑫琼三位博士的帮助；本书获得了牡丹江师范学院优势特色学科项目"牡丹江师范学院-01-地方语言文学"资金的支持，一并致谢。最后感谢韩国全北大学崔南圭教授和朴庸镇教授，两位教授学术严谨，让笔者收获良多。

金洪臣

韩国全北大学

2021年10月

图书在版编目(CIP)数据

"过"的语法化及相关句式研究/金洪臣著. -- 北京：社会科学文献出版社，2022.9
　ISBN 978-7-5228-0189-6

Ⅰ.①过… Ⅱ.①金… Ⅲ.①汉语-"过"字-语法-研究②汉语-"过"字-句法-研究 Ⅳ.①H146.2

中国版本图书馆 CIP 数据核字（2022）第 099271 号

"过"的语法化及相关句式研究

著　　者 / 金洪臣

出 版 人 / 王利民
组稿编辑 / 宋月华
责任编辑 / 李建廷
文稿编辑 / 公靖靖
责任印制 / 王京美

出　　版 / 社会科学文献出版社·人文分社（010）59367215
　　　　　地址：北京市北三环中路甲29号院华龙大厦　邮编：100029
　　　　　网址：www.ssap.com.cn

发　　行 / 社会科学文献出版社（010）59367028
印　　装 / 三河市尚艺印装有限公司

规　　格 / 开　本：787mm×1092mm　1/16
　　　　　印　张：9.75　字　数：160千字

版　　次 / 2022年9月第1版　2022年9月第1次印刷

书　　号 / ISBN 978-7-5228-0189-6
定　　价 / 128.00元

读者服务电话：4008918866

版权所有 翻印必究